老人身心靈健康體驗活動設計

The Experiential Learning Program Design
for the Holistic Health of the Elderly

陳美蘭、洪悅琳／著

如鷹展翅的幸福人生

「你，準備好了嗎？」在每一次的運動賽事前，教練總不會問選手這句話，反而是告訴他，「加油，你可以做到的！」。我們的人生，如同馬拉松賽跑一樣，有起點也有終點，賽前的操練和準備，就像是預備迎接人生終點站之前的訓練一般。俗話說，人生四大課是生、老、病、死，人生四大業是學業、事業、志業、功業，人生四大道是道謝、道愛、道歉、道別，高齡者其生活之終極目標都是在求凡事圓滿。而追求圓滿且幸福人生的方法很簡單，就是變成好人，好相處的人，當你改變自己成為有德、有用、有容、有趣、有心的人，瞭解自己裡面有什麼，養成讓自己和別人幸福的習慣，就會擁有幸福的人生。

活在有愛的生活裡是美好的，這樣的幸福存摺每個高齡者都想擁有，我期待藉由高齡身心靈健康體驗活動的引導，讓參與過活動的人，追求改變大腦的靈性力量，去明白你人生的目的，完成你人生的功課，高齡者的老年生活，也是可以如鷹展翅無掛慮，讓心靈自由飛翔，且擁有平安喜樂的人生。人有身（body）、心（mind）、靈（spirit）三個基本層面的健康追尋，而其中是藉由情感、心思和意念來學習事情。每個人的身心靈健康，是藉由體驗和學習來，終極目的在使靈性健康提升。高齡者藉由身心靈健康體驗活動，改變思維和行為，做一個成為合神心意的人，認識神在每個人身上的計畫，就會學習正面看待老年生活。高齡者找到生命的意義與存在的價值，瞭解到金錢、學問、享樂、成就不能真正滿足人，就能理解唯有身心靈健康、享有真平安，才能擁有健康老化的晚年生活。

老人身心靈健康體驗活動設計

　　這是一本在禱告中成就的書，引導分享得著喜樂生命的力量，不求成就自己的名，只求人人安好。洪悅琳教授與我花了將近三年的時間，參與各項活動的規劃與執行，研讀國內外相關書籍及文獻，完成發展靈性健康量表及樂活生活作業單，協助長者及一般社會大眾在參與體驗活動之後，身心靈健康獲得正向能量及提升。感謝洪教授一路帶領我跨入學術與實務結合領域的學習殿堂，感謝揚智閣總編在出版本書的過程當中，所提供的專業編排與協助，感謝伊甸基金會執行長及同工，在活動場域安排的規劃及幫助，感謝許詩好彩繪老師提供藝術輔療作品的拍攝，感謝北投迦勒讀書會的成員們，一起尋求分享美好的事物及閱讀尋求智慧的人生的書籍，感謝各位好友及主內弟兄姊妹的支持與鼓勵，我的人生因為有你們而美好。希望藉由本書，能夠嘉惠社工、照護等相關科系的學生及實務工作者，也期待讀者們將本書分享給更多人，讓愛與關懷傳遍到各地，直到人人平安喜樂。再次謝謝默默為我禱告的你們。

陳美蘭

於2015年初

做自己生命的主人

隨著全球高齡人口的增加，以及人類平均壽命的延長，「活得老、活得好」（live older, and live better）是晚年共同追求的目標。因此，自我的健康管理（health management）和終身學習（lifelong learning）是每一位國民必須重視的關鍵課題。我們必須對於自己的身心靈健康負責任，重新檢視個人與自己、他人、社群、環境、宇宙、神祇之間的連結、共融關係，學習做自己生命的主人（全人），並活出精彩人生。

在健康管理上，我們可以透過個人的健康促進（health promotion），例如做好運動、飲食、營養、壓力調適等良好生活型態（life style），達到最佳的健康狀態。如此，一來增進自身健康，降低疾病或死亡風險，二來降低國家醫療支出，進而擁有獨立而健康的晚年生活。健康管理不是等到晚年才開始執行，而是從出生到死亡的重要功課，特別是中高齡的保健、保養和休養，影響最大。若能在中年時期，就能建立良好的生活型態，對於晚年的健康保健會有莫大的幫助。

在終身學習上，我們可以透過正規教育、非正規教育、非正式的學習管道，享受終身學習帶來的樂趣和成長的喜悅。學習，是為了走更長的路；透過學習，讓我們打開寬廣的多元視野，跟上世界、社會的脈動，也為自己的家庭付出，更重要的是回到自己的內心，探索自我豐富的生命，並激發無限的潛能。

終身學習可以分為個人學習及團體學習，前者著重個人的興趣培養及自我實現，例如閱讀書報、經典、聽演講、看展覽、看電影

等。個人的學習較為自由、彈性,可根據自己的時間、興趣安排活動,但缺點是較為單一,並缺乏挑戰。本書《老人身心靈健康體驗活動設計》著重在高齡團體的學習,透過團體的活動設計和帶領,讓高齡者和團體融為一體,享受團體的樂趣和成長動力。

筆者自2008年投入高齡教育的行列,並開始在敬老大學、樂齡大學、樂齡學習資源中心、長青學苑、活力站、社區照顧關懷據點等單位教學,深刻體會到「活到老、學到老」的生命體現。許多高齡學習者不畏風雨及身體的病痛,持續跟著團體學習,並投入社會服務的志工行列,對於各項主題展現好學不倦的精神,讓人深深感到敬佩,亦是社會學習的典範。

有感於坊間有關「高齡團體活動設計」的書籍尚不普遍,部分書籍著重在單元性方案設計,或僅強調休閒娛樂類的團體方案,因此期待本書的出版,可以協助更多高齡教育教師、社會工作者、成長團體教師、照顧服務員、志工講師等,設計更多元、更豐富的高齡教育方案。本書強調身心靈全人健康(body-mind-spirit, holistic health),採用體驗學習(experiential learning)的教學設計,讓高齡者以生動活潑、具體操作的方式,在做中學、學中做、做中思的循環中,不斷提升身心靈的整體健康。本書的團體方案均曾在老人福利機構、身心障礙機構、高齡教育機構、社區據點、教會等單位實施,實作後並檢討改善方案設計及活動帶領的優缺點。相關實務工作者可以根據實施機構的屬性和學員性質而做調整修正,也期待更多有心之士投入高齡教育的行列,讓我們一起打造一個老有所養、老有所學、老有所樂、老有所用的大同社會。

洪悅琳

2015年2月

目　錄

表目錄

老人身心靈健康體驗活動設計

圖目錄

Part 1
理 論 篇

Chapter

1

高齡學習發展趨勢

第一節　老人身心靈健康體驗活動發展之現況

第二節　高齡體驗學習新紀元

第一節　老人身心靈健康體驗活動發展之現況

　　隨著現代醫療技術及科技的進步，老人人口比例逐年增加。台灣自1993年邁入高齡化社會之後，老人人口已經超過台灣總人口的7%。至西元2014年年底，65歲以上的老人人口更達到12%，總計超過281萬人。台灣至西元2014年，平均餘命估計為79.84歲，其中男性76.72歲，女性83.2歲（內政部，2015）。加上社會急速變遷及家庭人口結構的轉變，55歲以上退休者大增，使得高齡學習人數漸增，更加使成人教育中之高齡學習漸漸受到重視。

一、追求活得又長又好的晚年生活

　　聯合國人口司（United Nations Population Division）估計，至西元2000年，全世界約有十八萬名百歲以上的老人；但到了2050年，這個數字將成長到三百二十萬人。公共衛生措施與醫療介入，可以讓人類在遺傳上更有機會活到百歲以上。老人越能維持最佳健康狀態，老年生活會過得更好。因此，讓所有的老人「維持最佳狀態」，是當今高齡化社會的首要課題（黃煜文譯，2011）。

　　近年來台灣有關高齡者學習的相關議題，已經從休閒娛樂，漸漸轉為追求老年生活品質的提升。歐美國家發展多年的全人整體健康（holistic health）及健康促進（health promotion），在台灣也日漸受到重視。隨著社會變遷及人口老化，高齡者全人整體健康的提升也日漸受到重視。有鑑於此，本書設計一套統合全人整體健康的活動設計，並導入提升靈性健康的互動體驗遊戲，幫助社區中參與高齡學習之長者，在參與老人學習方案時，得到身心靈全人的關照。

　　政府在社會福利中對高齡退休者的學習規劃，注入相當多的經費，也提高了老人終身學習的參與率。然而，綜觀各類課程，以靈性健康為主題的課程，所占比例甚低。因此，如何在高齡學習中，藉由互動體驗活動，帶領老人參與提升靈性健康成長的課程，將是高齡學習未來的趨勢。

　　保持健康狀態，一直是人類追求的目標之一，而藉由高齡休閒學習，追求身心靈健康，則是老年人活出美好生命的方法之一。學者Kjell Rubenson主張教育與學習，使得成人獲取新知而得以成功適應萬變的社會，而成人教育兼具啟發性，跨領域且多元（吳淑娟，2012）。台灣的靈性健康課程推廣，宗教團體扮演著重要的角色。而以互動體驗學習開展設計的靈性成長課程並不多見。

　　聯合國大會在1991年通過的「聯合國老人綱領」（The United Nations Principles of Older Persons）提出了五個要點：獨立（independence）、參與（participation）、照顧（care）、自我實現（self-fulfilment）、尊嚴（dignity），其中的自我實現，不單只是個人需求的自我實現，而是體現高齡者之全人照顧與社會互動的具體表現（陳肇男、徐慧娟、葉玲玲、朱僑麗、謝嫣婠，2012）。教育部（2006）在「邁向高齡社會老人教育政策白皮書」中也提到，尊重老人獨立、參與、尊嚴、適當照顧與自我實現，其最終目標為提高長者之生活品質，提升高齡學習者參與終身學習之動力。

二、身心靈整合，帶動全人整體健康

　　身心靈三方面的全方位照顧，一直是近幾世紀的熱門話題。隨著科技的進步，醫藥技術的日新月異，人類壽命的延長，加速老

年人口數的增加。生老病死是生死學的課題，身心靈健康是追求幸福健康的人生課題。新世代的高齡者，除了希望自己活得老也要活得好，更要活得健康，活出生命的意義。本書以身心靈健康之首的「靈性健康」，作為體驗活動設計之方案發展指標和終極目標，期能為高齡學習注入生命意義感的元素，協助高齡學習者自我探索生命價值，追求生命成長和自我超越。

洪悅琳（2009）研究發現高齡者身心靈互動與靈性功能，靈性的超越層次是全人存在的最高向度。身心靈相互影響，靈性位居核心樞紐，讓人學習自我成長，自我實現與自我超越。靈性整合過往經驗，形成自我人生觀。靈性健康可以說是內在心靈的力量，超越物質享受。身心靈健康是相互影響的，透過高齡學習及體驗活動，可以讓高齡者體會到幫助別人成就自己的道理，長者因為轉念看到生命的意義和希望。

陳美蘭（2014）認為，由找出苦難的意義、學會愛與寬恕、學習與自然環境和諧共存、創造充滿感恩和盼望的生活四方面，可以看出身心靈健康中靈性健康提升的能力。靈性健康為身心靈健康的核心，藉由理論與實務的結合，在體驗活動中，體悟、反省並改變自己。凡事感恩，服務人群，不存貪念，突破人性的弱點，超越自己。高齡者老年期之發展任務為自我整合（integrity），而以健康老化為追求的目標，就是要做到「活得老也活得好」。全人整體健康可謂是一種生活取向，具有全人整體健康者，將創造個體健康視為是一種責任，且每一天都在為自己的健康努力行動。Kolb的經驗循環模式，讓全人概念及整全實踐過程，建立在宇宙世界的基石上，轉變世界（Kolb, 1984），由此可見高齡體驗活動設計為高齡

學習發展之趨勢。

張廣博（2014）在《身心靈健康之寶》提到，有好觀念就有好命運，凡是對自己有益處的話語，用虛心誠心請教聆聽。書中引以「實踐」勸勉，並以引人正確人生方向之聖賢格言，來提升自己的身心靈健康。書中引用星雲大師「人生十四轉」的觀念，要大家轉迷為悟、轉苦為樂、轉邪為正、轉懶為勤等，轉變自我的生活態度，就能創造自己的命運。人最大的敵人是自己，只有精神快樂，靈裡滿足，才能找到身心靈健康之道。我們人生的功課是自己選擇的，懂得付出、感恩與學習，勇敢接受神給的功課和試煉，完成生命中美好的使命，就是功德一件，能得到上好福分的成果。

聖經中的迦勒，為了有智慧和體力奉獻服務，到年老時都還警醒自己要維護自身之身心靈健康，身為現代人的我們，身處醫療進步的年代，反而常常忽略飲食、營養、運動、心靈餵養、活出生命意義等保持健康之重要元素。生活中我們要如何做，才能做到身心靈健康，是高齡身心靈健康體驗活動設計之理想指標。一個適用於社區高齡者成功老化的健康需求的方案，應由生理、心理、靈性、社會、環境五個面向來探討（許君強，2011），這其中包括身心健康促進、人生目的認知、社會服務參與、環境素養提升等。找出老人靈性健康提升的助力和阻力，更是學習方案設計所需考量的（洪悅琳，2012）。

高齡學習屬於自願性的再教育，休閒類課程有助於高齡者的生活滿意度之提升，利於充實及適應退休後的生活，並可延緩老化現象的發生。在台灣，健康老化、成功老化（successful ageing）和活躍老化（active ageing）等老人健康議題皆息息相關，也廣為一般

大眾討論，但對於以高齡身心靈健康體驗活動來促進健康老化的文獻並不多見。高齡者藉由學習可以維持認知功能之發揮，進而安享健康的晚年生活，因而學習已經成為高齡者生活中的一部分。在體驗遊戲互動活動過程中，參與者是開放且可接納性的，同理且體會其他參與者的情緒與苦痛，這樣的活動可以幫助參與者自我療癒，自我覺察及發現生命新意義（朱芬郁，2004）。茲就高齡身心靈健康體驗活動發展之現況，及高齡學習未來發展趨勢，做學術性與實務性結合深入的探討。

筆者依據老人學習方案規劃經驗，整合先前已開展設計之全人整體健康學習方案，介入提升靈性健康元素，統合互動體驗學習活動，以提升靈性健康為目標，設計一系列提升高齡者身心靈健康之體驗活動設計，提供給學術界和實務工作者，作為後續研究、產學合作和關懷社區長者之活動方案發展使用，藉此提高長者對活動的參與意願和參與率。以下分成五個部分來說明高齡身心靈健康體驗活動設計之現況和開展設計之重要性，分別為高齡學習發展之現況、高齡全人整體健康提升的影響、高齡靈性健康提升的影響、高齡體驗學習方案發展之重要性，以及社區體驗活動為終身學習未來發展方向。

(一)高齡學習發展之現況

大台北地區，為55歲以上長者開辦的高齡學習課程，包括樂齡大學、樂齡學習資源中心、長青學院、松年大學等，多數以高齡休閒學習為主，除了提供長者上、下學期課程之外，亦有通識課程或共同課程，來推廣市政、瞭解社福、認識環境，並規劃社會參與活

動。在台灣，高齡者身心靈健康活動設計相關之研究比例較少，而以提升靈性健康為主，引導觀點轉化，學習並內化成為生活方式的方案規劃，更是不多。

學習應視為高齡生活的一部分，高齡者學習偏好，學習內容包括健康保健、人文藝術、休閒生活、語文、才藝技能，而高齡者較喜歡休閒生活類學習（林麗惠，2010）。大多數開課主辦單位及課程規劃者，傾向開設休閒類課程，而由比例上來看，心靈成長課程所占比例較低。也因此，如何在各種老人學習課程中，導入靈性健康提升的元素作為中介課程，可以解決台灣高齡學習者所面臨的靈性健康提升的問題。本書可以提供社區老人服務中心及社工、志工、宗教團體，關懷社區長者靈性健康之活動方案使用及參考，藉以提高長者對社區學習的參與意願和參與率（Chen & Hung, 2013）。

(二)高齡全人整體健康提升的影響

全人整體健康導入的研究及實務發展，包括醫護、社福及教育領域等，現已發展到社福體系，目前在老人機構推動的輔助療法，也都逐漸以全人整體健康為取向（何婉喬，2009）。而在台灣，以高齡者為活動設計對象的靈性成長方案規劃，大多由宗教團體開辦，台灣是宗教信仰自由的國家，宗教信仰以佛教、道教、一般民間信仰、基督教或天主教的信仰者，所占的比例較高，但是靈性健康卻因為個人的自我靈性成長要求而產生不同的「自我實現模式」。也因此，如何藉由靈性健康成長課程，以淺顯易懂的文字及活動，帶領高齡者在靈性健康成長領域更新生命，改變自己，活出

美好，超越老化，筆者從全人整體健康著手身心靈健康促進活動發展，並整合社會參與之服務學習和情緒面的調整學習，來提升高齡者之全人整體健康。

(三)高齡靈性健康提升的影響

靈性健康的提升，可以藉由靈性健康課程導入高齡活動設計之中。在台灣，正規教育中，多以生命教育課程導入靈性成長課程，基督教徒以得勝者課程，以淺顯易懂的文字及互動體驗活動的方式，導入靈性教育及品德教育於學習中，期許年輕人在德智體群美五育並重的教育體制之下，健全其人格之發展。靈性教育介入老人學習方案中鮮少看到，從老人全人整體健康學習方案中，介入靈性健康成長教育，透過老人參與銀髮族提升靈性健康的中介課程，並藉由互動體驗學習活動，使學習者感受並體會遊戲中所要表達的意念，最後再由講師做結語及體驗分享，統整體驗經歷，確認學習目標及方向，並藉由多數人的分享，獲得更多的知識及他人經驗，是很好的互動學習方式。提升高齡參與者的靈性健康之活動方案發展並不容易，須從高齡者學習參與動機高的學習課程中轉換設計。以園藝輔療為例，高齡學習者可從園藝輔療中，學習專業技巧、體驗種植過程、改變內在態度到產生改變行動力，其產出是看到高齡者投入社會參與服務學習。增強靈性成長之自己與自己、自己與他人、自己與自然、自己與神四大面向的連結性與感受性，才是影響高齡者靈性健康提升的重要關鍵因素。

(四)高齡體驗學習方案發展之重要性

近年來體驗學習方案，逐漸受到大眾喜愛，課程之規劃及教材之編纂，已經從童軍團隊、科技研發，延伸至環境教育，然而由經驗學習理論開展設計之體驗學習方案，實際運用在高齡學習中的研究並不多見，而以提升靈性健康所設計之體驗學習方案，更是有待進一步研發。教育部（2006）在「邁向高齡社會老人教育政策白皮書」中，明示老人教育之目標為協助老人自我實現，但因推動體系多元而缺乏統整機制。其中十一個行動方案中，對於創新老人教育方式，提供多元學習內容，為其中一項推動政策，目標在推動老人身心健康。因此，設計適合高齡學習者之體驗學習方案，協助長者在做中學，不但是創新，也可以提升學習動機和參與行為。

(五)社區體驗活動為終身學習未來發展方向

本書依循成人教育方案設計理論與實務，設計符合社區學習之體驗活動。分析並規劃目標學習者的需求後，把需求評估結果轉成計畫的方案。依照方案發展過程的特色，建立目標、學習並改變、管理、評估評鑑、成教者，促成學習者和社區人士互動的歷程（魏惠娟，2001）。教育讓參與者學習如何學習和學習自我引導，讓學習成為終身探究，讓高齡者樂於投入學習，在學習過程中改變，在體驗活動後反思，在社群互動關係中驗證。實務工作者的深度思考和方案規劃者的專業，結合理論和實際，產出多元方案規劃模式，讓社區學習成為終身學習未來發展方向。

追求超越老化，是老人邁向人生最後階段的目標，高齡學習開課單位應注重老人全方位全人的健康，包括生理、心理、社

會、情緒、靈性等層面，及老後生活品質和生活幸福感（洪悅琳，2009）。以韓國政府為例，韓國在江南區老人中心（Gangnam Senior Plaza），對老年人終身學習，投入人力、物力和財力，而在江南失智老人中心（Gangnam Center for Dementia），韓國三星（Samsung）結合江南洋介生態園區（U-Health Park），建置許多老人學習設施，為2030年即將到來的四人中就有一人是老人的韓國高齡化社會的來臨而做準備。

有鑑於此，對即將進入高齡社會的台灣而言，發展高齡體驗學習於正規學習、非正規學習、非正式學習，進而延伸至社區學習，引導高齡者自我引導學習模式，使高齡學習者在全球化、國際化發展之下，培養出具有國際觀的世界公民。世界公民和平往來、彼此對話，超越宗教文化種族界線，同時連結社群，營造團結，心靈得到移動與自由，才能體現生命的價值（中華民國社區教育學會，2008）。

 ## 第二節　高齡體驗學習新紀元

老年期之發展任務為自我整合（integrity），而以健康老化為追求的目標，就是要做到「活得老也活得好」。全人整體健康可以說是一種生活取向，具有全人整體健康者，將創造個體健康視為是一種責任，且每一天都在為自己的健康努力行動。靈性健康發展的四部曲是察覺（秋）、反省（冬）、轉化（春）和昇華（夏），創造個體與萬事萬物締造新的連結（洪悅琳，2009）。Kolb的經驗循環模式，讓全人概念及整全實踐過程，建立在宇宙世界的基石上，轉變世界（Kolb, 1984）。老化的現象因人而異，個人需要在

生理、心理、社會等層面學習與適應，才能達到全方位的成功老化（洪悅琳，2012）。

近年來，亞洲國家研究健康老化理論方面的相關文獻也越來越多，顯示越來越多的人開始重視退休後的老年生活。當台灣在民國106年即將面對高齡社會來臨的同時，人口結構的老化不但是邁向高齡社會的一種挑戰，促進成功老化，增進社會參與，建立以友善高齡社會，研發專業教材及教案，釋出閒置空間推動老人教育，建構世代和樂共處的和樂社會，是我們應該面對的課題（教育部，2006）。

全球最典型的福利國家是瑞典，其發展之老人教育政策，包含尊重老人獨立、參與、尊嚴、適當照顧與自我實現，以提高生活品質為最終目標（教育部，2006），而自我實現是體現高齡者全人健康與社會互動的具體表現。靈性健康為全人整體健康之首，在宗教團體多元的社會中，個體彼此尊重，共生共榮，建立屬靈團體，以信心追求真理，才能增進靈性健康，可見靈性健康是掌管生理健康及心理健康持續最佳狀態的重要元素。瞭解靈性健康的定義，在學習中體驗，在體驗中反思，亦符合成人教育之經驗學習。運用靈性健康自己和自己、他人、自然、神四面向，設計一系列適合高齡者靈性健康整合之學習方案，以整合實踐成人教育。由此可知，靈性健康學習方案的推展是一項新課題。高齡學習是成人學習中的一環，如何導入靈性健康元素於各種學習方案中，將引導著老人教育課程設計發展進入一個嶄新的領域。茲就高齡學習方案設計理論與實務結合之新紀元、靈性健康體驗學習方案的推展是一項新課題二部分，說明身心靈健康體驗活動推廣的必要性。

一、高齡學習方案設計理論與實務結合之新紀元

　　本書致力於高齡學習中教案教材的設計及編纂，遵循成人教育之宗旨，引導學員經驗學習歷程，Dewey（1938）的「教育即生活」，說明經驗具連續性和交互作用，可以幫助個體不斷學習，不斷改變，這符合成人教育中，個人的學習最終目的，是潛能的不斷開發和自我實現的完成。高齡學習是成人教育之一環，當前高齡少子化、資訊e化以及社會發展趨向社群化，社會教育機構為提升高齡學習者之參與動機，依照其學習動機、學習需求、求知興趣、學習目標、社會服務、外界期望、社交關係方法等方向，來引導學習並設計學習方案。及以歸屬、態度、意義、能力來增進學習動機（黃富順，2010）。成人學習理論，從早期的理性主義，透過內在心靈的反省，即得真知，經驗主義透過觀察發覺道理，行為主義的正向學習改變行為，認知處理取向之認知後再確認之學習行為，人本主義之學習動機來自需求，建構主義為學習是意義建構的過程，共通處都是重視學習者的經驗，引導者的義務在協助學習者建構意義（黃富順，2012）。有效的成人學習，包括以成人教育學概念為基礎，自我導向學習和觀點轉化學習來引導學習者反思學習（李瑛，2013）。因此有意義的高齡學習方案設計，將開創老人學習方案理論與實務結合之新紀元。

二、靈性健康體驗學習方案的推展是一項新課題

　　就全人整合觀點來看，靈性帶領高齡者度過老化和死亡的恐懼。靈性看不到也摸不到，卻是個體生命統整的核心力量。健

康促進強調健康的行為和生活方式，以及降低危害健康的危險因子，都可以促進身心靈健康，提高老年生活品質。而靈性健康既為首要，靈性健康學習方案的推展，對台灣高齡學習而言，是一項值得研究的課題。對高齡學習者而言，藉由體驗學習方案，及靈性健康促進表中淺顯易懂的文字敘述，來協助長者進行靈性健康評估輔助工具，可以讓長者更清楚瞭解靈性健康的定義，進而在日常生活中思考並執行改變模式，如此才能有效內化所學，達到學習活動目標，將經驗引導學習，成為善的循環，以靈性學習轉變經驗，改變人生。

三、靈性健康是掌管生理健康及心理健康持續最佳狀態的重要元素

　　屬靈生活是能夠影響心理健康，就像是一種心靈上的依靠。老人隨著年齡的增長，宗教信仰對他們來說，顯得格外重要。心理健康可以帶來生理健康，而心理健康的人免疫力比較強，也活得比較長壽。增進社會參與，讓長輩在縣市生活圈中經常能動、容易動、喜歡動，直到老年還是可以很獨立、很活躍、很健康的生活，是政府政策制定的最高指導原則（衛生署國民健康局，2012）。由此可見，以追求真理、公義的屬靈生活，是靈性健康成長的重要元素，而靈性健康掌管著生理健康及心理健康，因此要達到健康老化，持續身心靈健康最佳狀態的重要元素，追求全人整體健康是首務。

　　綜上所述，要達到活躍老化，不但要具有自我導向的學習能力，才能將所學反思轉化，也要有超越自我的能力，此體悟來自他人、大自然和神（超我的存在），這能力來自靈性健康成長所帶來

信心及盼望。靈性健康高於宗教，重於生死，是我們必須重視的，也是人生中不可或缺的，當靈性健康因著宗教，而無法成為課堂討論的話題的同時，我們應當深思，當生死學、宗教學成為學術界深入探討的課題，且已被一般大眾廣為討論時，靈性健康議題是否更應受到重視，深入探討，破除不談宗教信仰的迷思，而是深度討論，廣為接受，互相包容學習。

終身學習（lifelong learning）是一輩子的學習。自古以來就有「活到老，學到老」、「學海無涯，學無止境」的說法。成人學習在獲得知識、技能與態度，促進個人自我實現。當前高齡化及社群e化之社會發展趨勢，如何提升高齡學習參與動機，社會教育機構因應之道設計具有全人整體健康取向之教案，引導學習者因著正向生活方式，持續改變，過程讓生活變得美好。成人教育中，教學方案設計，須瞭解學習需求、統整學習內容與生活經驗，並結合質量並重學習評量。然而此原則不能適用於高齡學習者，一則學習者學歷及年齡差距大，書寫文字對部分長者來說，會造成學習壓力，進而退出學習群組。運用傾聽增加參與者的成長與發展，同理心、溫暖與真誠是必備要件。一則台灣為宗教多元的國家，個體間雖彼此互相尊重其信仰，但靈性健康學習，部分會涉及宗教信仰的文字或歌曲，對高齡學習者而言，會採取逃避或引起部分學員不悅，在設計教案的同時，要注意教材的文字內容，不涉及單一宗教信仰。

瞭解幫助學習的途徑，包括以體驗學習遊戲、角色扮演，營造反思情境，幫助創造新經驗，進而培養自我導向學習能力。高齡學習者因著學習而改變，這需要時間來做觀點轉化學習，需要經驗來檢視並驗證，而成為知識。自我導向學習是最具彈性，最不受時空限制的活動，可以幫助個人有效的進行終身學習。因此，十二週課

程結束後的接續引導，是一個值得探討的問題。可以藉由讀書會、成長營、工作坊等活動方式，帶領高齡者自我引導學習。

目前社區的推廣課，大多數是社區發展協會或里長辦公室協助辦理，費用的部分則分為付費和免費推廣課程。生命教育或靈性健康促進課程，可以藉由宗教團體來提供場地、師資、人力及費用等來辦理免費推廣課程。免費推廣課程因無需參與者付費，故較不易看出參與動機，可以藉由免費之初階班，做課程之推廣，利於招生，再經由介入更多靈性健康教育元素設計進階課程，提供合適之靈性健康學習方案於進階班，此班參與者之參與動機，將更符合課程設計目的。目前高齡學習中靈性健康相關課程開設的比例不高，是否透過宗教團體來推廣發展此類課程成為一個共同的靈性健康課程，並引領參與者深化學習，將是社會工作教育者及課程規劃師未來研究發展學習方案的方向。

高齡學習屬於成人學習之一環，成人教育擔負成人社會角色的人，所進行的有系統持續進行的活動，目的在促進知識態度價值和技巧上的轉變。可視為方案歷程社會運動和學科。個人在生命期中不斷充實自己。將靈性健康的元素，帶入各種活動中，種下讓生命更美好的種子，貢獻於社會教育界，期許藉由本書，引領更多後續研究者投入身心靈健康促進學習方案之研究。

高齡健康促進學習方案體驗活動，旨在協助高齡學習者建構靈性健康意義，協助個人發展自我引導能力，啟發反省能力，促成行動力學習者的主動參與，引導者才能引導啟發學習者達成自我實現，超越自我。老人學習方案屬於非正規學習，高齡者學習除了退休前、後生活適應和高齡生涯計畫各方面的學習，靈性健康的提升，是社會教育工作者應多投入研究的方向。教育所要培養的學習

能力，活動設計應依照其設計。學會認知，認識世界，學會做事，學會處理各種情境的能力，學會與人相處，學會參與和合作的精神，學會發展，學會適應和發展自己的環境，其中的學會發展，就是要讓學習者學會適應和發展自己的環境。當高齡學習途徑多樣化，高齡活動範圍廣泛的今日，體驗學習也儼然成為一股新興風潮，且為高齡學習者所接受，期待藉由本研究的引導，讓更多人投入靈性健康促進學習的行列，創新老人教育學習方案及學習模式，建構全球化後知識社會所帶給我們的生存契機，豐富我們的生命，創造美好的生活。

《聖經·詩篇》14篇5節也提到說，我們的神為大，最有能力，他的智慧無法測度。〈箴言〉第16篇第9節說，人心籌算自己的道路，惟神指引他的腳步（台灣聖經公會，2013）。生命教育學者Miller書中說，「心念如同言語一般明顯，言語如同行為一樣清楚，行為衍生成為習慣，習慣固定成為性格，所以，仔細觀照心念，並注意心念的發展，要使心念因愛而散發，對所有萬物滋生敬意」。此外，Emerson在1965年說到全人的一致性，內容提到，「根據你從自己生命所汲取的深度，不只包括奮鬥的努力，更包含態度和呈現。世界的美麗本質已經和你自身的歡愉和能量想結合。……將你自己融合為最高理想的一部分，然後，瞧！突然之間你將對所有人感恩，如此形成能量的泉源，對社會和萬物都將提供助益」（張淑美譯，2009）。〈箴言〉第2篇7至10節說，神給正直人存留真智慧，給行為純正的人做盾牌。為要保守公平人的路，庇護虔敬人的道，你也必明白仁義，公平，正直，一切的善道。智慧必入你心，你的靈要以知識為美。吾等在追求養生之道、物慾需求

的同時，更應多專注於全人整體健康之道，成為真善美具備的世界
公民。

　　幸福是什麼？是身心靈健康，知足常樂，有信心和能力面對人
生的功課，尋求真理增長智慧，就是幸福。人非聖賢，亦無法如同
神一樣完美，但是學習基督（完美無罪）的樣式，意即學習成為一
個具備全人整體健康之真善美貴人（天使），是每一個人都應深切
體悟，身體力行的。期待這社會上的人，重新體認善的循環的重要
性，一起為建立善的循環而努力。

Chapter

2

高齡學習方案設計及實施

第一節　新興高齡者特色與學習型態

第二節　高齡活動帶領之原則與技巧

我國將於106年進入高齡社會。當65歲以上人口達到7%的比率，定為「高齡化社會」（ageing society）；到14%則為「高齡社會」（aged society）；到20%就成為「超高齡社會」（super-aged society）。我國將於106年增加為14%，進入高齡社會。高齡學習是成人學習的一環，也涵蓋終身學習的理念，高齡終身教育的意義，在於協助高齡者透過學習，應付社會變遷。協助高齡者瞭解其身心變化過程，透過學習，強化處理問題的能力，繼續服務人群，造福社會並充分發揮愛心回饋社會。終身學習之重點在於使高齡者學習適應社會所需的知能，並提升生活品質。而老人學習的困難包括，缺乏動機、生理退化、無法跳脫固有經驗（彭駕騂、彭懷真，2012）。

 ## 第一節　新興高齡者特色與學習型態

參與高齡學習的長者，年齡範圍自55歲以上到超過100歲者，也因此，高齡學習者之特性因人而異。然而卻是規劃者和引導者必須注意的問題。老化的現象，包括生物的老化、心理的老化和社會的老化。老化又分為基本老化（primary aging）和次級老化（secondary aging）。基本老化又稱為正常老化，是每一個人都會發生的老化現象。次級老化通常是疾病產生的，例如慢性病。高齡者常因記憶力衰退，就減少學習的動力，其原因大多為心理因素造成，不論老少，增進記憶的方法，不外乎重複、專注、有意義的連結、多重感官刺激，學習的時候化繁為簡、分段練習、輔以影像記憶（洪悅琳，2012）。

高齡學習是終身探尋的過程，長者在學習自我引導。學習需求

為個體實際學習狀態和學習目標狀態間的差異。如何測量可以用預測性問題和完成句子方式的問卷問題設計。當需求為滿足個人組織和社區，並設定目標，且為可執行性並可提升興趣，即可產生操作性和教育性目標（魏惠娟，2001）。

老年人在「人際」與「內省」方面的智力，是最重要的內涵。用終身學習的四個重點：去知道（to know）、去做（to do）、去與人相處（to live together）、去成為獨特的存在（to be）來看，內省智力有助於發展更棒的獨特存在。老年學（gerontology）是研究老化（ageing）和老年人議題的學科。老年學的範圍在自然科學及應用科學方面，包括生理學、醫學、生物學、營養與衛生、運動學、建築學。在與人文科學及社會科學方面，包括社會學、心理學、經濟學與政治學、教育學、宗教學，其中宗教學方面顯示，宗教開啟老人的心靈，信仰給予許多老人力量。高齡生命週期（elders' life cycle）是一個老人變化和發展的過程，代表不斷更新轉變的過程。世界衛生組織（WHO）於2002年提出「活躍老化」（active ageing）為核心價值，認為若想使老化成為正面的經驗，必須讓健康、參與和安全達到最適化的狀態，以提升老年人生活品質，這也是目前國際組織擬訂老人健康政策的主要參考架構（彭駕騂等，2012）。

老人活動的設計，與個人生理、心理等因素有關。在生理方面，隨著長者視聽能力的衰退，動作的緩慢，造成學習上負面的影響。在心理方面，自尊心過低，過去學習經驗的影響，會導致長者缺乏學習動機及學習信心。高齡活動設計應注意事項如下：

1.視覺及聽覺：對光線感到敏感，應用色彩宜鮮明放大為宜。

聽力退化造成社會參與及人際互動減少，避免噪音加上肢體動作可提高專注力。

2.動作及記憶力：老人學習反應及行動較為緩慢且記憶力較差，互動時要給予多一點時間思考及回答，多鼓勵讚美。活動設計時要注意安全（林如萍等，2005）。

方案規劃之學習活動包括讀書會、成長營和工作坊等。成員主動參與、規劃和轉化學習，個人發展個別化學習計畫，引導者提供輔導。陳美蘭（2014）的研究觀察發現，高齡學習方案實施歷程及課堂互動中，可以探究出高齡學習者之特性。

一、課堂上文字書寫的壓力

學員較不喜歡書寫文字，故學習回饋單填寫的部分，比較無法看出全數學員的心得。在課程的實施時，可以在每一組安排志工或隊輔，協助以非正式訪談探討方案實施的問題和學員學習上出現的狀況。

二、課後回家作業的協助

大多數長者不喜歡回家作業，也不喜歡有課業壓力，例如彩繪生命樹，交作業的人數相對會減少。顯示高齡學習者的作業，在課堂上完成，比較能達到協助完成的功能。若長者沒有按時交作業，也不需要特別提醒，要注意高齡者的自尊心。

三、文詞詮釋表達的輔助學習

學員對靈性健康的定義，仍需藉由靈性健康量表來詮釋瞭解，但是靈性健康量表需要口述表達，又恐表達者與聽者的文義詮釋不同，而有不同的看法。故靈性健康量表可以作為輔助學習者瞭解靈性健康定義的教材。

四、尊重多元信仰社會的差異與價值

學員的宗教信仰不同，在課堂上對靈性健康的詮釋，若以多元面向闡釋，會失去要表達意念的焦點。講師可以以自身的宗教信仰為例來詮釋，但須向學員強調，此為文獻中靈性健康的詮釋，各宗教仍有其對靈性健康的闡釋，但真理不變，高齡者比較可以接受這種說法。可以建議無信仰之參與者，透過各教派之宗教導師，或受過基督書院傳道訓練畢業之傳道人和牧師，所得到的解釋為佳。

五、具有領導特質學員的輔助角色

講師是方案帶領的主要靈魂者，但在高齡學習團體中因長輩人數多及差異性大，因此適時加入協同講師及志工可協助方案之順暢運作。志工在課堂上扮演重要的引導員的角色，有宗教信仰的志工和沒有宗教信仰的志工，其團隊表現落差很大，也會間接影響學習動機及參與意願。具有領導特質的學員，可以成為引導員的輔助者角色。

六、引導學員適度表達

學員課堂上會專心聽講，課後會與老師互動，表達自己學習後的感受，課後與講師分享次數越多的人，在與引導者的互動中，更加清楚學習的意義與生命的價值，如何活用在生活中，對其身心靈健康的提升有顯著影響。

七、深化學習成效的進階學習方案設計

整個學習方案之設計，時間掌控極為重要。十二週的課程，無法看出大多數學員學習過程中是否有觀點轉化，活動規劃者可以透過進階的學習方案，來深化學習成效。

八、參與活動分組人數及命名的方式

參與人數以不超過四十人為宜，分成四組或五組，每組十人或八人，其中一人為組長。中國人不喜歡數字四，所以在分組的時候，可以用植物名來分組，或是藉由拼圖活動及遊戲來分組，參與者比較能接受公平的分組方式。

九、注意獎勵方式的公平性

高齡學習者也和其他年齡層的學習者一樣，會希望在講師面前表現優秀的一面，所以也會有為達到第一或拿到獎品，不按照遊戲規矩玩的情形。為求公平，講師最後發放獎品，以每人一小份作為鼓勵為佳。

十、運用休息時間的聯誼互動方式

下課討論、下午茶時間及課後共餐，是講師和學員互動聯誼最好的時間，建議講師把握和學員互動的時間。一般而言，高齡者需要較長的時間休息，每一次至少15分鐘，他們除了上廁所、喝水外，也喜歡利用下課時間分享生活心得或交換情報。

十一、用一領一的方式影響學習參與

高齡學習者在參與學習時，會因為請假、無法與團體成員達成共識等因素的影響，有參與度降低的情形發生，例如在為環境做一件事的活動中，會發現高齡學習者對種植一棵植物送人的積極度較低。引導者在課程帶領時，講師需特別注意引導方式，用一領一的方式影響學習參與，協助學員更積極主動參與。

十二、化解活動進行中的尷尬

部分體驗活動，例如愛的抱抱活動，學員會因年齡或性別而找藉口不參與。講師可以跟學員說明愛是不分性別和年齡，而是以關愛為出發點，例如父女之間、長幼之間，來化解學員在活動進行中產生的尷尬。引導員通常經由適當的解說，都可以引導學員，不分性別及年齡，投入體驗活動參與學習。

綜上所述，可見老人學習方案的內容，若能符合高齡學習者的興趣，加上具有趣味性及互動性，且可以在聯誼互動活動中交朋友，對提升長者參與動機來說，有加分效果。陳美蘭（2014）的研

究中，以靈性健康四大面向設計學習方案，從生態與靈性結合的話題切入，引起參與者的注意及共鳴，參與高齡身心靈健康體驗活動對長者而言，也是很震撼的新思維。其研究中顯示進階班參與人數比例達近47%，可見高齡學習者在靈性健康的追求，需求極高。

 ## 第二節　高齡活動帶領之原則與技巧

　　老人團體活動設計實施之基本原則，包括滿足需求、發揮潛能、尊重個體、促進成長、生活平衡。其設計原則，為從事有意義的活動、全面規劃內容、因時因地彈性修正、漸進學習、考量體能及安全原則、經費來源、創新教案、活動評估以改善缺失、運用動態靜態及志工運用（游麗裡、張美淑，2010）。同時引用之資訊，需重視智慧財產權，避免觸及法律。高齡活動帶領與成人學習及兒童學習，仍有差異。其帶領之原則與技巧，分述如下：

一、高齡活動帶領之原則

　　高齡活動帶領是社會團體工作之一，因此，帶領高齡活動需具備社會團體工作基本原則，徐震及林萬億（1998）提到社會工作的中心理念是尊嚴與價值，參與及表達的權力。莊秀美（2003）認為活動方案除了滿足個人需求之外，社區文化背景也具有影響。團體的組成和活動內容，滿足機構及個體，明確的活動達成目標和明確的團體發展計畫，加上專業的介入，設計符合個體特性的活動，依照能力潛能和既有知能，充分發揮個體能力，引導的部分，是最重要的環節，民主與自主，讓組織功能彈性，運用社區資源，參與者

的經驗，確立發展的階段，最後的環節是評估與修正，這些都是團體工作原則方法。

活動的時間、場地、內容及誘因，是吸引高齡學習者參與活動的重要因素。第一次的聚會，通常都會設計相見歡活動，來拉近參與者彼此間的距離，氣氛是很重要的；第一次的課程設計，往往影響之後參與者的參與行為。確立活動目標，才不至於讓活動偏離主題，且可以協助活動進行的順暢，並協助引導員活動帶領之方向。

對於高齡者活動設計，要注意高齡學習與一般的活動設計不同，例如活動說明的部分要慢慢說，而且要再次確認長者對活動規則的瞭解程度，再進行活動。活動進行中可以請志工或組長，協助長者瞭解活動規則，以確保活動進行之順暢。另外，稱讚和傾聽，製造歡樂的氛圍，都是提升學員學習動機的方法。

當有獎勵活動時，要注意獎勵給與的公平性，盡量做到人人皆有獎的鼓勵策略，此舉相較於競爭性的活動，可以促使團體和諧氣氛的提升，避免爭執或不悅的情形發生。活動進行期間，可以穿插戶外參訪活動，或手作創作活動。對於靜態的活動，穿插動態的活動，是長者較為接受的休閒學習方式。

教會等宗教團體，可以依照節慶，來安排高齡者學習健康操、技能表演等，增進其活動參與時間，例如母親節、父親節、感恩節、聖誕節等，學習烏克麗麗等簡易樂器表演、歌唱表演、帶動唱表演等，其中歌唱表演是高齡者普遍可以接受的表演活動，音樂可以讓人心情平靜，歌唱可以抒發情緒，聚集練習可以增加互動時間，歌曲的選擇，盡量是長者耳熟能詳的曲目，懷念老歌既可朗朗上口，減少記憶歌詞所產生的挫敗感，也有助於增進回憶，有檢視既有、珍惜擁有、提升超越自我動力的功能存在。

活動帶領也需要備課，除了教材、教具的選擇與準備之外，提早三十分鐘到現場做預備的工作，甚至於開課前一日到活動現場，做場地勘查的動作是十分重要的。引導者必須掌握活動進行時間，避免活動進行太早或太晚結束，活動太早結束會造成高齡者有無聊的感受，活動太晚結束會造成體力無法負荷的情形發生。每一次的方案設計均需考量活動備案，例如辦理戶外自然體驗活動，就需有雨天備案，且要注意天雨路滑造成跌倒的情形發生。蹲太久或站太久的體能性活動要考量高齡者的體能狀況，評估其負荷程度後安排適合活動，並注意時間不宜過長，適時讓長輩休息。整體而言，要注意避免參與者受到挫折，產生無力感，失敗或失落感的產生，盡量以讚美鼓勵的方式來進行活動，引導個體在團體活動中學習、體驗，並引導其思索，才能夠達到體驗學習活動的最佳效果。

二、高齡活動帶領之技巧

　　老人活動設計必須注意參加人數，以一名帶領人負責，又稱為引導員，每次活動人數以不宜過多，活動時間不宜過長，活動中可穿插休息時間，活動地點之桌椅需方便移動，並需要考量參與者學習環境的舒適度與便利性。對長者友善之學習環境，也需考量老人之交通需求，廁所距離的遠近、乾淨也需要考量。

　　其他需要考量的，還包括室內的通風、光線；是否受到噪音干擾；空調的溫度；室內及戶外有綠色植物之擺飾及舒展身心之活動空間，也有助於參與者之身心靈放鬆與調適。活動所使用的語言必須是長者們通用的語言，對於識字不多的長者，可以善用輔助工具，盡可能使用圖片、輔助道具材料，用講故事的方式，鼓勵年長

者述說個人故事。注意參與者分享時間長短，有時必須委婉而巧妙地提醒參與者過長的談話，盡量讓每一位成員都有分享的機會。

活動中亦可布置熱情的氣氛，鼓勵大家勇於分享。分享的時候，應該避免對於個人的生命故事進行批判，因為有些分享涉及隱私權，所以要在分享前提醒大家隱私不對外討論，只有在課堂上分享。讓參與者感受到帶領人專注地聆聽，感受到包容同理尊重。帶領人先分享自己的生命故事，製造輕鬆的活動氣氛，帶領者帶著幽默感的語言，讓活動的進行活潑化很重要，適時調整內容。對於某些不擅以言語或文字表達的長者，應嘗試提供其他的表達方式，例如剪貼、畫圖、舞蹈、遊戲與歌唱等（劉黃麗娟、錢桂玉、劉怡廷、葉國芳、余良玲，2000）。

三、追求成功老化及樂活生活型態

高齡社會的特色與趨勢，包括人口老化、少子化現象、成功老化、長壽議題、樂活生活及有機養生風潮，我國至2008年4月底，65歲以上的老年人口已達236萬人，占總人口數的10.27%，平均每十人中就有一位是老人。由於嬰兒潮時期出生的人口邁入老年時期，更變成每三位工作年齡人口必須扶養一位老人的情況。由於高齡社會的加速形成，2036年後台灣老年人口將多出一倍，65歲以上人口數占總人口比率為21.7%，達到560萬人（孫健忠，2002；行政院經建會，1996）。成功老化的關鍵指標，是老年生活積極參與、疾病失能低風險、維持心智身體高功能，以及正向的靈性（Fisher, 1995; Rowe & Kahn, 1998），如圖2-1所示。

2014年我國兩性零歲平均餘命為79.84歲（男性76.72歲、女性

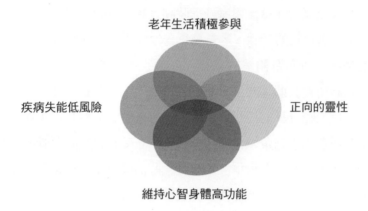

圖2-1　成功老化的關鍵指標

83.2歲）（內政部，2015）。如何活得久又活得健康，如何活得老又活得快樂，讓銀髮族擁有樂活銀色晚年，達到成功老化的理想，透過**圖2-2**銀髮族全人養生圖，可以瞭解高齡者的身心靈健康，分別是必要的、需要的及重要的（洪悅琳，2009），高齡學習方案之

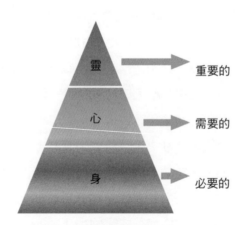

圖2-2　銀髮族全人養生圖

資料來源：洪悅琳（2009）。

設計與實施，與全人整體健康各層面必須相互連結，重視靈性健康元素的導入，可以協助銀髮族達到全人養生的目標。

新興高齡者特色，傾向樂活生活（LOHAS）的概念，LOHAS是Lifestyles of Health and Sustainability的縮寫，意指健康及自給自足的生活型態（**圖2-3**）。H（health）指的是「健康的飲食、生活、身心靈的探索與個人成長」。S（sustainability）指的是「生態永續的精神」。樂活價值是天人物我的和諧，含括健康、環境、社會問題、個人發展及平衡的生活態度。樂活族的特色是身體力行，他們關心環保議題，消費時會考慮到自己與家人的健康和環境責任，也就是愛自己、家人、愛地球的生活方式，更代表呵護心靈、身體、地球的生活態度（洪悅琳，2012b）。

健康（health）是人人追求的目標，新興高齡者追求身心靈的健康的趨勢包括：

1.飲食風潮：生（有）機飲食、慢食主義、素食。
2.運動及治療：瑜伽、太極、中醫、自然療法。

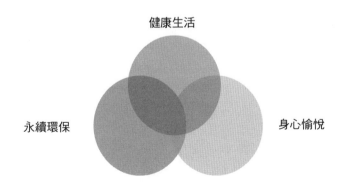

健康生活

永續環保

身心愉悅

圖2-3 LOHAS生活型態的核心概念

3.心靈成長：印度朝聖、禪修打坐、讀夢團體、繪畫、戲劇、
　腦呼吸。

　　健康，不只對自己，也對旁人。永續，不只對自己，也對地
球。所以我們吃得健康、穿得簡單、關心世人、熱愛自然、追求身
心成長、減少浪費及汙染。若能啟發更多人過「樂活」生活，社區
會變得更快樂，世界會變得更美好。社區是小孩、年輕人嬉戲以及
中老年人安居樂業之處，樂活生活讓人回歸到更自然的生活。對他
們而言，愛自己、愛地球、從天然食物開始，是一種對生活的反
省，有機的幸福生活從這裡開始。

Chapter

3

高齡活動設計理論基礎

靈性健康為身心靈健康之首，高齡者靈性健康促進學習方案，在全人整體健康、靈性健康、經驗學習、輔助療法文獻及相關研究中，找出本活動設計理論基礎架構模式，在理論與實務兼具下，開展設計高齡身心靈健康體驗活動。本章共分五個部分，分別探討全人整體健康、靈性健康、經驗（體驗）學習、輔助療法、轉化學習之理論基礎。

 ## 第一節　全人整體健康

　　1980年開始，歐美國家開始注重全人整體健康（holistic health）的觀念，透過正向、積極的態度，建立個人的身心健康行為，以達到整體的幸福安寧（well-being）。個人身心靈的健康與外在社會環境習習相關，如何提升老人的健康與幸福，可以從全人的四個面向切入，包括：(1)生理；(2)心理；(3)社會；(4)靈性（洪悅琳，2009；Newman, 1995; Swinton, 2001），如**圖3-1**所示。

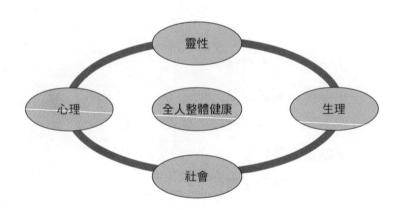

圖3-1　全人整體健康

資料來源：洪悅琳（2009）；Newman (1995); Swinton (2001).

　　個體是由身體、心理、靈性三部分所構成，彼此不可分割、相互依賴、相互影響。全人整體健康強調全人的角度，重視身、心、靈的整合，將靈性置於中心點，統合生理、心理、社會等面向。靈性是人類精神層面的核心，雖然我們看不到，但像風一樣，我們可以透過樹葉的搖擺，知道風一直存在。加拿大學者Seaward（2003，2005）形容靈性的重要，就像我們與外界無法聯繫時，生命沒有重心和目標，生活是一團混亂、天翻地覆。

　　靈性健康是一種動態的整合過程，是關係、價值、生命意義的整合。用四季的概念解釋靈性發展的循環模式，一如春、夏、秋、冬一般，個體在沉澱、放空、紮根、締結的過程中，展開與自我、他人、自然、超越者之間的連結，不斷省思、整合、感恩的過程中，提升自我靈性健康（洪悅琳，2009a；洪悅琳，2012；Hung, 2011; Hung & Chin, 2012）。

　　全人整體健康的意涵，強調人具有身、心、靈三個結構，彼此相互影響、不可分割。靈性健康被視為可以整合其他健康層面之力量，如同一個核心可以連結或成為其他健康層面的根基資源，提供生命力量，引發行為與動機以協助個人獲致有意義的人生，扮演整合個人的生命經驗和意義的重要關鍵。換言之，就個體而言，靈性扮演身心靈整合的重要樞紐，讓人學習自我成長、自我實現與自我超越。就環境而言，個體可以從與他人的關係中定位靈性，人的身心靈發展與他人的關係、社群的關係、自然的關係、超越者的關係有關，在全人發展脈絡下，靈性受到外在環境及社會文化脈絡的影響，我們從與他人的關係中發現自我的存在（李彗菁，2004；趙可式，1999，2007；Reed, 1992; Swinton, 2001）。

　　全人教育學者Miller認為holistic更意涵靈性（spirituality）或是

神聖的感覺，藉由知識傳遞交流互動引導學習，漸進覺察轉化觀點，跨越傳統經驗，達到文化覺醒和自我心靈改變，使自我內在核心回歸人性尺度的社群互動（張淑美譯，2009）。

　　由以上文獻可以看出，全人整體健康狀態是於內在決定外在，永續地視個體為全體。全人整體健康學習方案中，以靈性為基礎來探索自我，統合身心健康模式，發展社會脈絡產生與他人的連結，然而缺乏與自然互動，仍弱化自我的永續改變。強化與自然的互動，產生共生共榮的理念，才能持續不斷地管理健康及改善生活品質。而目前文獻中，整合全人整體健康模式，介入學習方案中的文獻並不多，因此本研究所設計之學習方案，以全人整體健康取向統合高齡學習方案，將提供後續研究者一個深入研究的方向。

第二節　靈性健康

　　靈性健康是身心靈健康之首，因此探討靈性健康定義、靈性健康需求、從宗教信仰看靈性健康、靈性成長、靈性教育及靈性健康評估，找出靈性健康成長的方法，才能幫助長者提升靈性健康。

一、靈性健康

　　靈性健康是老人生命整合的力量，是人生的哲學觀，為天人物我的和諧關係（洪悅琳，2009）。靈性是個人對生命最終價值所堅持的信念或信仰，也是個人看待生命的哲學觀或價值觀，是生命價值、實現、成長、圓滿的積極意義（杜明勳，2003）。也有學者認為靈性是超越與人連結、奉獻、釋放、愛、寬恕、歸屬感、希望、

信心、美好事物、接受死亡（Bridge, 2004）。趙可式1999年以天人物我的關係詮釋靈性，包括人和自己、他人、自然、神的關係（何婉喬，2009），如**圖3-2**所示。

靈性是一個抽象的概念，歸納整理靈性的闡述，包括：

1.追尋人生的意義和目的。

2.體認到自己與神或至高無上力量之連結。

3.發覺人生的價值和信念。

4.尋找超越肉身以外的意義（Kuuppelomaki, 2001; McCoubrie & Davies, 2006; Sulmasy, 2002）。

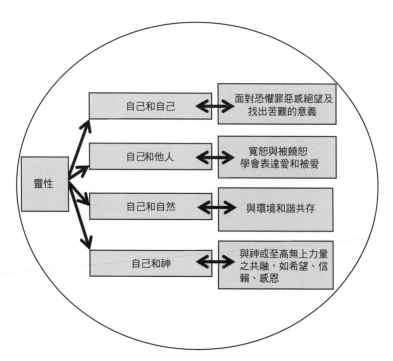

圖3-2　靈性層面之照顧

資料來源：何婉喬（2009）。

每一個宗教的目的也都是在幫助人們過著快樂的生活。快樂的藝術含有許多的要素，就如同我們所知的，一開始要先瞭解什麼是快樂的真正來源。這包含了內在的修練，逐漸分辨出有破壞性的、負面的思想，而用正面的、建設性的思想來取代，譬如仁慈、寬容與饒恕，這就是靈性（朱衣譯，1999）。

　　靈性成長課程運用實施與評價方式，以各種靈性介入策略引發個案靈性探索，發現靈性健康與促進正向健康結果與減緩負向健康結果有關。以事件自我省察，介入寬恕此中介因子加以調節，可獲得幸福感（黃琢嵩、陳美蘭、洪悅琳，2013）（圖3-3）。

二、靈性健康需求

　　心理學家Maslow於1954年提出需求層次理論，將人類需求分為五個層級，於1969年加入靈性需求，並重新歸納為三個層次，即X理論、Y理論、Z理論（Maslow, 1969），如圖3-4所示。

　　個體的靈性需求，是想獲得神、他人和自己的愛、寬恕、信任和希望，進而體悟生命的意義，追求自己與自己、自己與他人、自己與自然、自己與神的整合關係，進而達到靈性安適（spiritual

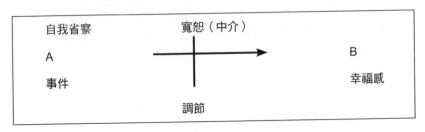

圖3-3　靈性成長與幸福感關聯性

資料來源：黃琢嵩、陳美蘭、洪悅琳（2013）。

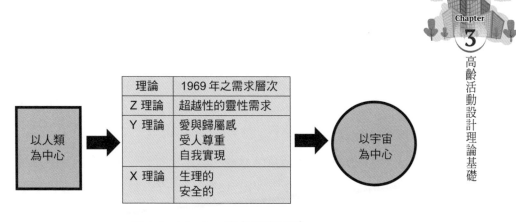

理論	1969 年之需求層次
Z 理論	超越性的靈性需求
Y 理論	愛與歸屬感 受人尊重 自我實現
X 理論	生理的 安全的

以人類為中心

以宇宙為中心

圖3-4　Maslow需求層次理論

資料來源：Maslow, A. H. (1969).

well-being）狀態（Carson, 1989）。

　　老年人常見的靈性需求，包括瞭解受苦的意義、有超越現況的意念、需要生活的延續、需要參與宗教活動、需要無條件的愛、需要表達情緒、需要付出、需要關懷和被關懷、需要寬恕與被寬恕、需要隨時預備好平靜面對死亡（Koeing, 1994）。

三、從宗教信仰看靈性健康

　　由於靈性的意涵包括宗教信仰，但靈性的本質超越宗教，靈性的範疇更廣於宗教，若靈性是生命的旅程，宗教就是協助靈性健康圓滿達成的輔助工具（Narayanasamy, 2004）。宗教可以提供老人一個心靈歸屬及行動力量。宗教對成功老化影響很大，健康心理及有效的管理壓力，是健康心理學深入討論的課題。提升靈性健康的信仰，並接受生命歷程中經歷的一切，同時接受面對老化的事實，有助於高齡者面對日後的老齡生活。台灣的老人一直對死亡產生恐懼且避而不談，不願意面對，然而在宗教中的超自然解釋，幫助了老人瞭解生命意義並對死亡是有所準備的面對，且是愉悅的心理面

對死亡的議題。學習善終的人生課題,因而藉由靈性生活的指引,生死學議題的討論,生命故事歷程的回顧,可以幫助老人找到人生自我實現的終極目標(林如萍主編,2005)。

我們可以從找出苦難的意義、學會愛與寬恕、學習與自然環境和諧共存、創造充滿感恩和盼望的生活,來看靈性健康提升的影響因素。

(一)找出苦難的意義

我們會將靈性與宗教連結在一起,是因為當人受到苦難,或感受到他人的愛與關懷時,會尋求宗教的力量提升超越苦痛的能力。有堅強信仰的人也能憑著信仰,度過困難時光。心靈的強大影響力量,更是每個宗教能深入人心的真正原因。在任何一種宗教中,都強調一種歸屬感,共同的聯繫與互相的關懷。能將所有的人聯繫在一起,也給人被接受的感覺。宗教信仰也能帶給人希望。在面對日常生活的繁瑣時,宗教能提供我們一種生活的觀點,讓我們的心平靜下來。有宗教信仰的人對生活感覺更滿意、更快樂(朱衣譯,1999)。在外在事物成就之前,我們須先由內改變自己。面對困難時,當你保持盼望和正面的態度,有期待就會開始為一切做準備,如鷹展翅,奔跑卻不疲倦,活出期待,守望機會,積極且竭盡所能的行動改變現況,就會勝過生活中的困惑和挑戰(程珮然譯,2010)。譬如身體老化、產生個人危機或身體受傷等等問題,比較有信心去面對。藉由生命分享,可以由他人經歷苦難的經驗,感受到他人克服苦難的力量,提升自己的行動力。這與靈性健康中之自己與自己的面向相扣合。

(二)學會愛與寬恕

靈性生活的修為包括發現自己的所作所為傷害到他人，會立刻覺醒並立刻制止自己。靈性生活是讓一個人更平靜、快樂和安寧。真正的心靈戒律，也是真正的心靈特質，是慈悲、寬容、饒恕、關懷，這些內在的特質是不可能與負面思想同時並存的。內在的修為可加強正面的思想，如仁慈、慈悲、寬容等。快樂的生活來自平靜安寧的心態（朱衣譯，1999）。將快樂傳遞在眾人之間，面帶笑容，對人友善親切好相處，用愛成就自己與他人，把喜樂帶入己心，把微笑掛在臉上，心裡快樂，靈裡滿足，就能譜出生命美好的旋律（程珮然譯，2010）。藉由聖經故事，例如罪人被饒恕等故事敘說，可以體會到真理中饒恕與被饒恕，對心靈健康的正面影響。豐富他人生命的同時，也是在豐富自己的生命，這與靈性健康中之自己與他人的面向相扣合。

(三)學習與自然環境和諧共存

大部分的靈性生活都在追求身心的安頓，更親近自然的本質。時代愈來愈進步，人類貪求生活的享受讓地球生了病，諸多原因促使全球不斷暖化，而這一切，都來自人的欲念。我們的生命與大地是共同體，我們都該自我反省，唯有順天、以愛呵護，才能使大地和自己重新恢復健康（證嚴法師，2006）。康乃爾大學的研究顯示，人類身處於美麗的動植物生態中，人的心靈都會對生活極為投入。人類越是用雙足行走，越能感受到自己與自然的連結。這一切都會讓人更健康（黃煜文譯，2011）。人類會思考，但人類在生態系中卻很卑微，沒有天地萬物這支持系統，人類活不下去，在生態系中沒有人，生態系的存在就變得沒有意義。在生態中人要慈悲與

智慧並俱，瞭解眾生平等，學習謙卑，心柔軟了就知道如何去做，來化解危機，因為一切為心所造。從萬物中看見生命的厚度、美麗、意義、豐盛、盼望、亮光及方向，因為造物主（神）是生命的源頭（黃芝婷，2012）。人與自然萬物是息息相關的，與大自然做朋友，藉由和自然對話的體驗教育，是最好的行動力養成學習，維持生態和諧首須學習尊重自然，在自然生態中體悟生命循環不息的道理。這與靈性健康中之自己與自然的面向相扣合。

(四)創造充滿感恩和盼望的生活

一個人必須將宗教的訓誡融入生活中，這樣才能讓自己的心靈真正成長，真正成為我們生活的一部分。宗教都是在提供一種行為的道德與指南，可以讓人的行為受到良好的影響，對人事充滿感恩，對未來充滿盼望，與神建立連結。我們從這些宗教信仰中獲得滋潤心靈的力量，達到啟發教化的功能、幫助人們面對痛苦。宗教的目的，都是在努力為人謀福。他們的宗旨都是在讓人快樂，讓世界成為一個更好的地方（朱衣譯，1999）。不再看生命中不對勁之處，而是對生命中的人、事、物獻上感恩。心懷感恩，活出愛、關懷和平安，使自己變得更美好，其實就是關乎自己如何為自己選擇人生觀（程珮然譯，2010）。許多宗教故事中，隱喻著靈性健康的重要性，讓靈性像種子一樣，藉由創造天地萬物的超自然造物主（神），日日澆灌更新自己，以新思維活出全新的自己，這與靈性健康中之自己與神的面向相扣合。

宗教對靈性健康十分重要，都在提供心理支持，安定心靈，人藉由禱告等方法，與神連結，將心理負擔交託於神，在現世中尋求信心及盼望，為即將面臨的未知及未來預做準備，這是宗教在靈性

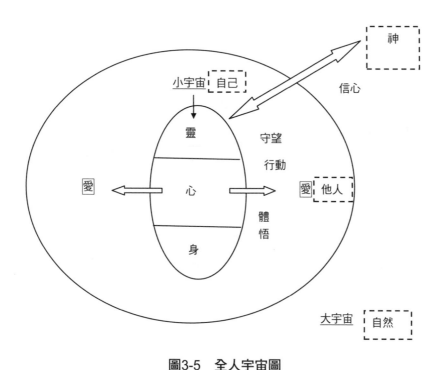

圖3-5　全人宇宙圖

健康中，不可替代的屬靈目標之一。也因此，靈性健康策略中，宗教信仰或靈性教育，在靈性成長中，是不可或缺的（**圖3-5**）。

四、靈性成長

靈性成長與生命成長緊密相連，Erikson（1982）的發展八階段中，每一個階段都是靈性發展的重要因素。在第八階段55歲到死亡，他認為是智慧與統整能力自我發展的結果。他認為人們終其一生都在為此階段的整合實踐做預備。當老人回顧一生的幸福時光時，他們會覺得自己創造了生命的光彩和意義，而一直持續不斷的

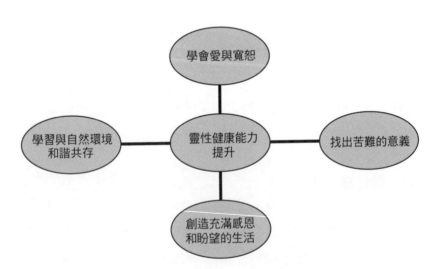

做對生命有意義的事，也會關注人類整體事物，並接受死亡就是生命的圓滿之時。靈性成長時，個人心胸更寬廣，反之，若靈性沒有成長，個人就會焦慮及恐懼。靈性健康成長，在信仰中是一種守望關係的建立及執行，生活中輔助者指引和督導受助者，輔助者在協助服事他人的過程中，自身靈命亦受影響而成長，在這種輔受關係中，得以讓個人和團體參與者，在委身、真誠、代禱、鼓勵中，協助受助者屬靈生活初期的成長，輔助者是引導者的角色，亦同時幫助自己靈性健康提升。委身包括問候及祈福禱告，真誠包括展現真我及分享，代禱包括祈福，鼓勵則包括讚美和支持。靈性成長的目的，在使個人瞭解生命的目的價值及意義，內化學習需要時間和環境來達成目的（**圖**3-6）。

圖3-6　靈性健康提升能力

五、靈性教育

　　將靈性健康帶入教學的活動，包括音樂、表演、朗讀、藝術欣賞、電影賞析等，其目的在達到反思寬恕及關懷愛人，其目標在建立正確的人生觀及價值觀（張淑美譯，2007）。而靈性生活的養成和實踐，在日常生活中可以養成靜心觀察、分辨是非、情緒管理、認知、分享、規劃學習方案、撰寫靈性生活日記、參加靈性成長課程等（駱小美、蕭淑貞，2007）。靈性成長課程與輔助療法息息相關，可以藉由靜坐冥想、藝術輔療、敘事治療等，達到抒發壓力的功能（林文元、釋慧哲、何婉喬，2007）。另外，生命回顧、藝術輔療、園藝輔療等，都是很好的方式。高齡者在園藝種植體驗學習中，對生命的體悟及園藝輔療對個人靈性健康成長所產生的影響。藉由知行合一，在提升身心靈健康的成長課程中，將環境教育課程以轉化學習的方式，內化環境覺知、環境素養、環境行為為生活方式及環境態度，對高齡學習者具有正面的影響。退休老人喜歡從事的休閒活動為登山、健行、種花種草、園藝等，因此如何透過老人非正規環境教育，結合生態學知識、環境素養培養優質化全球公民（洪悅琳、秦秀蘭、陳美蘭，2013）。

　　靈性包含人性的善良、慈悲、關懷等基本特質。靈性健康教育是非常重要的事，慢慢地讓學員體會到，擁有慈悲、仁慈等人性的良善本質德行，健康、快樂與心境的平靜就會隨之而來。而對沒有宗教信仰的人來說，這個觀念的建立也是非常重要的。從教育著手，培養個人做一個善良的人，做一個願意讓這個世界變得更好、更快樂的人，學習付出一己的力量與盡社會責任的人，這才是培育靈性健康公民的初心。靈性教育介入靈性成長歷程，養成與實踐靈

性生活,都需要整合靈性健康教育於老人學習方案中。靈性健康適切的融入教學中,才能適時地引發老人對靈性成長的需求,進而達到活躍老化的目標。

如何提升老人靈性健康,協助老人轉變態度,需要陪伴、傾聽及學習,慢慢讓老人覺察自己的靈性問題及困擾,開始過有意義的生活,這對老人來說是很重要的(張淑美、陳慧姿,2007)。當靈性問題得以解決,個人靈性就會得到成長。達到靈性健康需要以靈性理論,定義出個體行為和思想。在行為及態度方面,也較具靈性核心。

由以上文獻可以看出,多數的靈性健康提升方案,都是以生命教育、個人心靈成長為主,以老人為主所發展設計出來的靈性成長方案,占的比例並不多,也因此,本研究以高齡學習者為研究對象,除了參考文獻中之理論及已發展方案之外,也參考老人學習方案設計與評估、心理諮商等實務研究,期能適切的發展設計提升老人靈性健康為訴求的學習方案。

第三節　經驗(體驗)學習

經驗學習與體驗學習的英文相同,均為experiential learning,在學術上,經驗學習以理論研究為主,在實務上,則以體驗學習活動為主。傳統教學法著重知識技能的教導,重理論而輕實做,以致學生知而不行。近年來的教學方法,多以互動的多元學習為導向,讓互動回饋替代紙筆考試及背誦記憶的教學方式。透過動手做,引起觀察反應與既有知識的連結。杜威的做中學,是直接體驗的活動形式。有別於一般講課活動。內容若與生活相結合,

運用於生活中，就呼應了杜威的教育即生活（education as life）和生活即教育（life as education）（朱耀明，2011）。杜威（Dewey, 1938）的經驗與教育（experience and education），提出教育即生活，教育即生長。庫柏（Kolb, 1984）的體驗學習：讓體驗成為學習與發展的泉源（experiential learning: experience as the source of learning and development），提出了體驗學習的結構模式。統整庫柏的經驗學習循環，是分析勒溫（Kurt Lewin, 1890-1947）的社會心理學理論〔行動研究（action research）和實驗室訓練（laboratory training）〕、杜威的經驗學習，以及皮亞傑（Jean Piaget, 1896-1980）學習與認知發展（learning and cognitive development）三人的經驗學習模式，建立在俄國維果茨基（Lev Semenovich Vygotsky, 1896-1934）的發展觀上綜合提出，並運用在教育、工作及成人發展之中（劉振維，2012）。

一、做中學，學中思，思中行之循環

經驗學習是成人所特有的學習方式。「學習」指有目的、有組織的活動，由經驗而獲得知識或行為改變的歷程。「經驗」是活動的結果，也是活動的歷程。經驗學習係指個體透過經驗的重組與改變，而進行的有目的、有組織的學習活動，其目的在於達成知能的增長或行為、態度的改變。波德（D. Boud）、柯恩（R. Keogh）和吳爾克（D. Walker）於1993年提出經驗學習之基本主張，認為經驗是激發學習的基礎、學習者主動建構自己的經驗、學習是一種整體的過程、學習是一種社會及文化的經驗建構、學習受到發生時的情緒情境的影響（黃富順，2012）。

以下對經驗學習理論以不同學者所提出的論述，詳加整理如下：

(一)林德曼的經驗學習主張

林德曼（E. Linderman）於1989年提出，成人教育應強調個人的經驗，並以交換和探索經驗為目標。他一再強調藉由經驗來達成個體的自我實現和滿足參與社會改造運動的需求。

(二)杜威的經驗學習觀

杜威（J. Dewey）在他經驗學習上的主張，以1938年所出版的《經驗與教育》一書最為重要。他認為「一切真正的教育都是從經驗中產生的」。而教育者最重要的工作就是鑑定何種經驗具有教育的作用，何種經驗沒有教育的價值。他提出經驗的兩個要素，第一為連續性，意即先前的經驗必影響後來的經驗；第二為交互作用，意即經驗把人和自然都包括在內。杜威強調經驗的學習，主張做中學（learning by doing）。

(三)庫柏的經驗學習主張

庫柏（D. A. Kolb）1984年在《經驗學習》中認為要進行經驗學習，需要有四種能力，包括：

1.具有開放的意願，願意把自己置身於新的經驗中。
2.具有觀察和反思的技巧，以便從各種不同的觀點檢視新經驗。
3.分析的能力，即透過觀察創造出統整的觀念。
4.作決定及解決問題的能力，以便新的觀念可以在實物中應用。

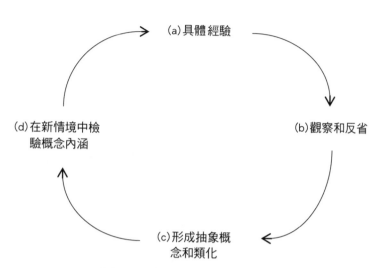

圖3-7　庫柏的經驗學習模式圖

資料來源：洪悅琳（2002）；黃富順（2012）；Kolb & Fly (1976).

　　這是一個循環的狀態，每一循環就產生一個新經驗。如**圖**3-7所示。

(四)賈維斯的經驗學習觀

　　賈維斯（P. Jarvis）的理論是所有的學習始於經驗。他相信學習包含將經驗轉化為知識的過程，以及將經驗轉化為技能和態度的過程。賈維斯認為所有的經驗均發生於社會情境中。他認為就經驗而言，個人可能會採取九種選擇，分析如**表**3-1。

(五)波德、柯恩和吳爾克的經驗學習觀

　　波德、柯恩和吳爾克認為學習模式包括三個階段：(1)重返經驗和經驗再現；(2)注意經驗被激發的感覺；(3)重新評估經驗。經驗被激起的感覺最為重要，有正、負兩種。如果產生負面的感覺，

表3-1 賈維斯的經驗學習觀

經驗學習觀		九種選擇
無法產生學習活動	非學習的反應	臆測
		不作思考
		拒絕
學習型態	非反思考的反應	前意識
		實物
		記憶
	反思的學習 （較高型態的學習）	冥想
		反思實物
		實驗學習

資料來源：整理自黃富順（2012）。

應加以處理，俾正面的感覺得以強化。再重新評估的階段中，下列四個過程相當重要（黃富順，2012）：

1.連結：新經驗與舊經驗的連結。

2.統整：探求資料間的相關性。

3.有效：探求觀念和情感的真實性。

4.成為己有：將之轉為自己所有。

二、經驗學習成效良好

羅寶鳳、白亦方（2002）以〈經驗學習理論在九年一貫課程教學策略上的應用〉一文中，所提及之經驗理論與實務和經驗學習理論的教學方法和技巧等，歸納摘要與本研究相關之經驗學習理論，其中Clark和Starr在1986年的經驗學習理論中提到，學習的記憶量因所獲得的訊息情況不同而有所差異。透過「聽」可以記住20%，

透過「看」可以記住30%，透過「聽到、看到」可以記住50%，透過「說」能記住70%，透過「說過並做過」可以記住90%。理論的發展也是為了促進實務而存在，作個案、訪談、遊戲、角色扮演等，都是從做中學的方式之一。問題解決如問題探索、行動計畫、執行及評估等，透過活動的設計，使學習者有實際參與的機會，培養解決問題的能力，讓參與者實際體會、觀察與學習。

　　Kuropatwa（2008）引用「學習金字塔」（the Learning Pyramid），對應創造力的提升能力，可見體驗學習的做中學，是學習者創造力培育的最佳方式之一，而學會如何教，對創新能力的影響，是有其果效的，如**圖**3-8所示。也因此，如何協助高齡者從經驗中學習，是高齡教育重要的課題。教師將其課堂中的說明、結論分享與思考課題，與學習者的過去經驗相連結，使學習不僅是對經驗的肯定，經驗也必須要轉化，並且透過反思使經驗學習改變一個人的態度。

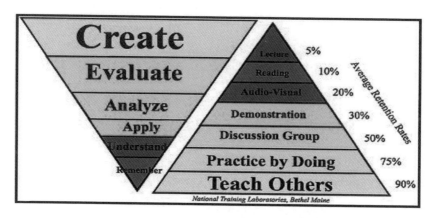

圖3-8　學習金字塔與創造力之關聯性

資料來源：Kuropatwa, D. (2008). Photo Credits: The University by Maddie Digital.

三、以體驗教育設計學習方案

近年來美國體驗教育協會（Association for Experiential Education, AEE），透過各種體驗活動的課程設計，規劃體驗活動，使參與者從體驗過程中，學習與他人合作相處，得到自我肯定，找到自信與成就感，學會關懷和尊重他人。體驗教育是指一個人直接透過體驗而後建構知識，獲得技能和提升自我價值的歷程，其最根本精神就是做中學，透過直接體驗會產生學習或行為上的改變。

體驗學習圈是體驗教育的主要學習模式，國外學者將體驗學習過程分為四部分，分別為體驗、反思、歸納、應用。這是一個循環模式，引導者引導學員直接從體驗中吸收經驗，反思體會之後，再將結果應用到日常生活之中。引導者要傳達的意念是豐富且具啟發性的，參與者通常對活動都有所期待，鼓勵學員以正向的態度接受活動中的突發狀況，當活動結束後，學員會發現自己有成長及體悟。鼓勵學員竭盡所能的給予夥伴們最大的支持，要注意每人是否皆參與其中，提醒學員是參與者而非旁觀者，在體驗中以隱喻的方式建構體驗，隱喻是體驗與實際生活做相似的連結（謝智謀等，2007）。

體驗學習的引導問句及分享，有助於引導者的帶領，可以聚焦活動主題的表達。部分活動需要設計道具，活動時間必須掌握得宜，內容需隨參與者現場狀況調整變化，且適合場地是重要考量點之一，注重安全是帶領體驗活動最重要的部分，另外，活動是否有趣吸引學生，活動如何開始，活動中期待學員獲得什麼資訊，活動所需準備的教材和場地，都是活動進行前、中、後須注意的事項。帶領時要注意表達清楚及帶領風格。在評定中，包括提出分享，身

心是否在最適狀態，做相關的連結，課程之後的學習成效為何（謝智謀、許涵菁暨體育教育團隊，2012）。

李義勇（1996）由杜威的經驗學習理論，運用於童軍訓練中，可以修練參與者善良的品德，並運用大自然的環境，作為直接體驗的空間。謝智謀、吳崇旗、謝宜蓉（2007）以體驗學習概念，介入休閒教育課程，並以量表施測，發現修課學生在人際溝通、生活效能及主觀幸福感皆有增進。朱耀明（2011）運用杜威的動手做經驗理論，用在學生的生活科技創作及仿做之中。劉振維（2012）運用杜威和庫柏的理論於學校之服務學習之中。

沈瑞琳（2010）引述西野憲史醫生的說法：「舉凡學習體驗以前沒有的生活經驗、提高活動的意欲、陪伴的安全感、社交關係的培養、安全的生活環境、回憶過去的生活經驗等，都可以延緩老化，並保持愉悅的心情」。她認為高齡者的健康生活法則是「情緒決定未來」，如圖3-9所示。

綜上所提及之實務運用，可以看到經驗學習理論應用範圍的廣泛，然而運用經驗學習理論於老人學習方案的探討仍不多。梁家祺（2011）認為教育首重態度，重新思考並建立有系統的知行合一課

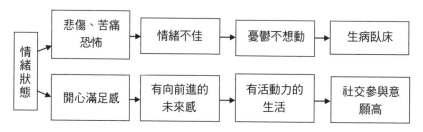

圖3-9　情緒決定未來法則

資料來源：沈瑞琳（2010）。

程，提升素養。藉由閱讀討論及服務學習貫通一體，取代傳統的單向無互動的導入課程，教導學習者展開一連串環境關愛行動。從以上文獻可知，一般多元學習方案中的教學單元活動設計，也就是教案，講師以主題為中心，統整內容及活動，設計整個教學活動及流程，以如何教及如何做為方法。全人整體健康理論結合體驗學習，以學習者為中心，引導學員從做中學，所開展設計出來的靈性健康學習方案，確實可以從各個靈性健康面向來探討，進而逐一檢視並統整個人自我管理的能力，從追求成功活躍的老年生活，超越跳脫苦難的藩籬，體會小我到大我的人生功課歷程，活出美好的人生。因此，本書對經驗學習理論運用於高齡學習，具有參考價值。

第四節　輔助療法

輔助療法（complementary medicine），又稱為輔療，是指與慣用的西醫一起使用，但不加以取代的輔助治療方式，例如用音樂療法來減輕身體的不適。另類療法（alternative medicine），又稱為替代療法，是完全取代西醫的治療，例如以生機飲食取代治療，兩者合稱為輔助及替代療法（complementary and alternative medicine, CAM）（胡月娟等，2009）。美國國家輔助／替代療法中心（National Center for Complementary/Alternative Medicine, NCCAM）（2002）將CAM分成五個範疇（洪悅琳、陳美蘭，2014；施議強、韓晴芸、曾俊傑、侯承伯，2005；許煌汶，2005；許煌汶，2004；曾月霞、張育萍、謝秀芳、張碧容、陳桂敏、許雅娟、王靜枝、張文芸譯，2004）。

1.替代醫療體系（alternative medicine system），例如中醫養生治療。

2.身心介入措施（mind-body intervention），例如冥想、祈禱、心理諮商、藝術治療、音樂治療、舞蹈治療、寵物治療及園藝治療等。

3.生物療法（biologically-based therapy），例如使用天然食品及芳香療法等。

4.操作及身體療法（manipulative and body-based methods），例如按摩、太極拳等。

5.能量療法（energy therapy），例如氣功等。

輔助療法，在台灣已經引起社會大眾的廣泛興趣，在學習中介入輔助療法，可以規劃為一系列的課程。在國外，輔助療法已經被使用於醫護整合治療中，依照不同的州及地方政府規範執行（曾月霞等譯，2004）。身心療法（mind-body therapies）中之靈性引導（spiritual direction），也是自我照顧的一部分。自我照顧包括提升自我覺察，自我保健；靈性引導主要在信仰中發現，主要是去省思其他生活經驗的意義。身心療法包含可以提升心理潛能以影響身體功能之各種療法，包含身心靈三方面的療法。例如冥想、祈禱、心理諮商、藝術治療、音樂治療、舞蹈治療、寵物治療及園藝治療等（曾月霞等譯，2004）。

台灣是一個宗教自由的地方，然而老人靈性成長這一部分，卻欠缺很多專業的引導教育及研究，也因此，對於靜坐冥想、氣功等，比較沒有像歐美國家，以科學根據及實證導入教學之中，例如在美國靈氣練習（reiki）、靜坐冥想（meditation）、自我按摩療癒法（self-healing massage therapy）等，都是經過科學證明後，將

陰、陽、氣等玄虛的理論，解釋後並導入練習之中，產生自我療癒
的成效，並結合全人整體健康，亦可導入心理諮商領域，可見歐美
在一般民眾生理、心理健康及情緒調整的各項研究，都不斷研發新
的理論與實務經驗結合，產出對人體健康極有益處的新興產業（洪
悅琳、陳美蘭，2014）。茲就園藝輔療及其他輔助療法，探討園藝
輔療與靈性健康之相關研究及環境教育與靈性健康之關聯性，做出
如下整理。分述如下：

一、園藝輔療

園藝輔療（horticultural therapy, HT），又稱為植物治療，經由
接觸植物、庭園的活動，以及接近自然的環境所產生的感覺，得到
治療與復癒或促進健康（洪悅琳、陳美蘭，2014）。園藝工作包括
播種、萌芽、施肥、灌溉、除草、修剪等一系列的活動，過程中植
物需要人持續的關注和照顧，一旦看到開花結果，參與者立刻得到
回饋。減緩原有的焦慮與壓力，增加與他人的互動，而最大的滿足
感是得到心靈的寧靜與安穩。顯示植物治療對人的身心靈健康帶來
良好的效果。我們的內心像植物，我們要花心思去照顧、澆水、修
剪、施肥是必要的。

廣義的植物治療還包括景觀治療，藉由景觀所組成的治療性元
素，來刺激身體的五種感官，可以達到紓解壓力的目的（何婉喬，
2009）。園藝治療是從十七世紀晚期在歐洲西班牙及北蘇格蘭等地
開始萌芽，目的是希望運用一些農場上耕種的工作，在各種病患身
上以達到復健的效果。1940年，瑞典成立境內首座治療式的花園來
從事職能治療活動；1973年，美國也成立園藝治療協會（American

Horticultural Therapy Association）；1987年，美國辛西納提阿茲海馬氏症中心也隨之成立治療性花園，現今於英國、加拿大、澳洲、日本等地皆有所屬的園藝治療組織。而台灣目前進行園藝治療相關議題的研究單位包括：文化大學景觀學研究所、台灣大學及中興大學園藝學研究所等（邱馨慧、蔡佳良，2008）。一般而言，園藝治療的主要效益可分為：智識、社交、情感及生理四種效益（陳惠美、黃雅鈴，2005）。

自然療癒力可以提升免疫力，是可以運用園藝治療來輔助。現代人壓力過重導致免疫力降低，成為健康的殺手，也因此幫助壓力找出口，才可以幫助自己更健康。園藝不僅意味著照料植物，也是一種經驗的累積過程，到戶外能讓人有重新開始的機會，園藝包括觀察、提問和解答問題，學習互相協助，並可增進自信心、注意力和區分能力（郝冰、王西敏譯，2009）。知識生態影響靈性智慧，將靈性與智慧整合實踐。

園藝輔療教學，目前大多應用在病患或身障人士，對於推廣於健康或亞健康人士的教案不多。Howard Gardner在1983年提出多元智慧理論，他認為人有七種智慧，包括語言，每人強項不同。而1995年Howard Gardner又加上第八項智慧，就是自然博物智慧，透過觀察自然，統整溝通連結人與自然的關係。園藝輔療啟動八種自然多元智慧（沈瑞琳，2010），其關聯性如**表3-2**所示。

二、園藝輔療與靈性健康之相關研究

不論在大小宇宙中間，生生不息的自然界物種，都與人類的生存息息相關。除了藉由動手做園藝種植，認識自己和自然的連結關

表3-2　八種自然多元智慧

多元智慧理論	多元智慧教學方向
空間智慧	感知環境空間層次
動覺智慧	參與啟動身體覺知
音樂智慧	自然界律動的音譜
語言智慧	團隊合作模式
人際智慧	分工溝通互動
內省智慧	體驗後覺察及省思
數理邏輯智慧	思考植物生命週期及大自然定律
自然博物智慧	統整人與大自然的關係

資料來源：沈瑞琳（2010）。〈高齡者的健康生活法則〉。《綠色療癒力》。台北：麥浩斯。

聯性之外，從體驗活動中瞭解生態系、食物鏈和人類的關係，可以讓人體會到人與自然密不可分的關係。

　　整合身心靈健康的課程，並導入提升環境素養的體驗教學，讓長者在轉化學習中，感受並瞭解自然與個人的關聯性，及生態保育對生活環境的重要性。全人已經從早期的個人健康教育到包含文化及社會層面，進而加入自然生態學來提升層級。為了改善健康及生活品質，相信在增加個人組織能力及行動源之後，個人就能管理自己的健康（Bandura, 1994）。

三、其他輔助療法介入教學

　　以下對音樂輔療（music therapy）、冥想療法（meditation）、禱告輔療（prayer therapy）、懷舊療法（reminiscence）的意義與應用做說明。

(一)音樂輔療

根據美國國家音樂治療協會（National Association for Music Therapy, NAMT）詮釋音樂治療的定義為：把音樂的成就當作治療目標，並且讓個體達到復原、維持及改善心理及生理健康的作用，使個體在行為上帶來良好的改變。簡言之，音樂治療就是「有計劃、有組織」地使用「音樂」，將節奏、旋律、音符等，經過計畫與控制下使用，藉由治療過程，以幫助個體達到生理、心靈、情緒等方面治療的效果，並提升生活品質（周琳霓，2006；黃玉珠，2003；李選、葉美玉、劉燦榮，1993）。

音樂治療可以分為被動的音樂治療（passive music therapy）和主動的音樂治療（active music therapy）兩種。前者指的是從聆聽音樂中達到感官刺激；後者則是藉由音樂演奏的行為達到自我表現的目的（黃玉珠，2003）。音樂治療活動包括：樂器彈奏、音樂欣賞、歌唱、舞蹈等。音樂輔療帶領人不一定具有音樂家的資格，但需要將音樂結合輔助性治療的模式介入老人團體工作中，使老人及身心障礙者達到身心活化、精神愉悅的效果。

音樂輔療主要是運用音樂的特性，結合身體律動、節拍等，活化身心機能。音樂的介入可分為個人和團體，就個人而言，可透過聆聽欣賞音樂，享受音樂的生命力，跟著音樂的音符跳動或歌詞意境，洗滌及淨化心靈。市面上有多種類型的音樂，例如流行音樂、古典音樂、輕音樂、世界音樂、東方音樂、新世紀音樂、宗教音樂、身心靈療癒音樂等，可依個人興趣和喜好挑選。以身心靈療癒音樂為例，日本Della公司出版的涓、晴、舒、暢等系列音樂，即通過身心醫學會認定。新世紀音樂中，以恩雅、凱文柯恩、班德列等最受歡迎。近年來宗教音樂，包括葛利果聖樂及佛教的梵音音

樂也受到重視，對我們的身心放鬆和安定有其效果。聆聽音樂可增加血中腦內啡（endorphins）濃度，並可以有效改善個案的情緒狀態。楊定一（2015）指出，在忙碌的生活中，我們長時間處於緊張的狀態，腦波一直處於活躍的 β 波，即使入睡時也因腦波亢奮而導致睡眠品質不佳。研究證明，療癒性的音樂或大自然的聲音（如河流溪流聲、蟲鳴鳥叫聲）能調節腦波頻率，將腦波由緊張忙碌的 β 波誘導為放鬆的 α 波，能幫助放鬆緊繃的肌肉並改善睡眠狀況。當播放療癒音樂時，其實並不需去理解曲調或內容，只要放鬆地讓身體的每個細胞與音頻產生共鳴。只要在環境中不斷地播放特有的音頻，即使睡覺時也能影響生物節律，調節自律神經系統，並達到療癒效果。

第二類是團體式音樂輔療，運用小團體的方式結合音樂和身體律動，以達活化身心機能。目前在台灣較為著名的音樂輔療系統為福樂多醫療福祉事業的「加賀谷・宮本式音樂照顧課程」及活力大衛音樂輔療課程，針對高齡音樂照顧提供教學服務。簡言之，高齡者音樂照顧（Music Care of Elderly）是以音樂活動介入，並以長輩熟知的生活經驗為元素，透過歌唱、聆賞、樂器、律動等，運用遊戲、美術等技巧引導，幫助長者達到愉悅、休閒、運動、社群等功能（活力大衛音樂輔療團隊，2015）。

秦秀蘭（2014）指出，音樂與律動是天生的最佳拍檔，引導過程中必須保持眼神的接觸；引導時應盡可能貼近參與者，保持一種親密感；引導者演唱或拍打時要有信心；律動進行中必須同步引導參與並保持能量等。機構高齡團體的設計，一方面要有效引發高齡體內的生物共振波；一方面要讓高齡者主動投入肢體的律動，並感受到團體的歡樂氣氛，才能有效激發常備的情緒能量。

美國賓州大學靈性與心智中心團隊運用柯爾騰‧克里亞（Kirtan Kriya）方法協助改善身心狀況。柯爾騰‧克里亞整合了三個要素：呼吸、聲音與動作，不限特定宗教信仰者，個案每日進行十二分鐘的練習。大量文獻的研究顯示，不同的瑜伽技巧以及專注於吐納，的確可以有效地降低壓力、血壓、焦慮以及許多足以影響健康的問題（鄧伯宸譯，2010）。以上方法強調口到、耳到、手到、心到的配合，讓身心融為一體。

老人音樂照顧的文獻及資料近來發展快速，針對失能及失智長輩的研究多，（何怡璇，2010；宋惠娟，2006；林美珠、吳盈蓁、瞿蕙娟、高木榮，2010；林惠娟、陳淑齡，2007；林燕如、周桂如、張佳琪，2012；黃子齡、施以諾，2007；黃玉珠，2003；董曉婷、陳桂敏，2007；劉雅慈，2012；賴蓉星、簡姿娟、洪秀吉，2013），研究認為使用音樂輔療對長輩可緩和身心焦慮、改善睡眠品質、提升活力的功能。

(二)冥想療法

冥想療法又稱作靜坐冥想，或打坐（zazen）。禱告也算是一種冥想的形式，其中包括超越式冥想療法（transcendental meditation,TM），是在1960年代由印度領導人Maharishi Mahesh Yogi發展出並引進至美國。方法為放鬆、專注並重複發一個音，建議早晚各二十分鐘。冥想有不同層次的內在安定力量。冥想至少一天練習半小時是必需的，找出時間，早上三十分鐘，晚上三十分鐘的冥想時間。經由不斷的訓練，可以讓身心靈更平靜（曾月霞等譯，2004）。

另一個歐美較常見的，是留意式冥想療法（mindfulness

meditation），即為近年來流行的正念減壓療法，就是內在身心力量，注意當下每一秒，積極為自己的身心健康做一些別人無法取代的事，為自己的健康負責。用吃葡萄來訓練慢食，用五官去感受食物的美好，在日常生活中培養正念的習慣。

之後，發展出壓力減輕課程（mindfulness-based stress reduction programs, MBSR），創始於麻州大學醫學中心壓力減輕診所，執行者必須接受三種正規冥想技巧，包括身體掃描冥想（body scan meditation）、打坐（sitting meditation）、意念哈薩瑜伽（mindful hatha yoga）及運用伸展的動作（張琇雲譯，2012；曾月霞等譯，2004）。

冥想練習首重注意力。首先，抽出內在既定的思想，不要去追逐所知覺到的感覺，也不是把自己掏空，去看自己意識到的天然本色，意識不再受到過去的想法約束，不再有往事或回憶，也不再對未來有絕望。真正的靈性是一種心靈態度，可以隨時隨地修練。心靈成長是很重要的，必須要去認真的培養與訓練個體的精神、態度、心理、情緒與身體。在這樣的冥想中，因為沒有一個具體可以思考的事物，很容易就會分心。所以一開始，先做三次深呼吸，將注意力集中在呼吸上。只要注意呼氣、吸氣，做三次後開始冥想（朱衣譯，1999）。自然心是很開放的空間，無限大，我們在覺知時，就是打開我們的自然心，很多西藏人去閉關，是一樣的意思，用智慧來訓練自己的覺知，當學會靜坐，很容易地管控自己的情緒（陳玉慧，2012）。

(三)禱告輔療

禱告也是輔助療法的方式之一，稱為禱告輔療。遇到困難時，

要向誰禱告呢？是神，佛，還是宇宙強大的力量。禱告確實能讓人內心平靜，減輕身體疼痛，透過禱告可以生成強大力量，每個人都可以在每天的日常生活中修練自己的心靈。禱告與冥想有許多相似處，可以評估自己從禱告後發現靈性成長的結果。堅定的信仰與祈禱，就是支持自己度過黑暗時期的力量。祈禱像是一種日常的提醒，讓人知道該如何跟他人說話，如何與他人相處，如何面對每天生活中的困難等，讓個人不斷地注意到慈悲、寬恕的重要（朱衣譯，1999）。聖經上說，你要保守你的心，勝過保守一切，因為一生的果效由心發出。佛經則云，萬法由心造，相由心生。

在互動活動中，體會對方的情緒與痛苦，但過程中對方必須是開放且可接納性的，與關懷相近，可以幫助對方自我療癒，自我覺察及發現生命新意義。陪伴者需花一些時間沉思集中精神再開始，好的觀察技巧可以協助表達及溝通，互動的過程中，對方感受到表達的需要，可以達到心理、社會、靈性及情緒的改善（曾月霞等譯，2004）。

(四)懷舊療法

懷舊療法是藉由懷舊與回憶活動設計進行，老人可以藉此達到自我統整，藉由懷舊物回想過去，進而思想對自己未來有意義的事。事前準備工具與懷舊材料和教案。活動內容可以從生命歷程為區隔；或設計主題活動，例如遊戲及退休活動規劃。此外，運用一些食材、香料、盆栽或者社區具有共同記憶的地點，也都可作為懷舊的題材。帶領懷舊活動需掌握參與者特色，事先瞭解社區之特色以及參與者之背景（劉黃麗娟、錢桂玉、劉怡廷、葉國芳、余良玲，2000）。

其他輔助療法還有角色扮演法，其能加深印象並澄清錯誤價值觀，幫助學習者多角度思考，比起一般的講述法會更有提升顯著效果。身心療法是各種輔助療法，目的在增進並維護身體健康。輔助療法所設計之整體課程規劃，在於培育學習者正向態度。近年來，許多志工組織開始，從投入服務老人志願服務，到組織管理高齡志願者的協會組織，讓更多的高齡者投身志願服務的行列，除了學習到老，也推己及人，讓銀髮生活不孤單，充滿銀髮博愛，讓銀髮人力補足社會服務人力之不足，成為活躍老化的最佳典範（吳老德，2010）。

 第五節　轉化學習

轉化學習理論（transformation learning theory）最早由Mezirow（1978）所提出，強調的學習改變比其他類型的學習更為深刻持久根本，並且內化轉成行動，實踐於生活之中。轉化學習理論的價值，在探討學習者內在觀點的轉變，如何藉由學習改變自身，而不僅是改變知識內容（蔡怡君，2012）。高齡身心靈健康體驗活動設計可以依照參與者的學習需求，設計進階課程，進階課程可以分成六次，在探討初階班參與者，因著追求身心靈健康層級需求，而設計的進階課程，來提高進階班參與者，靈性健康提升程度。以下就轉化學習之定義和文獻，做一探討和研究。

一、轉化學習之相關研究

Gabriel（2010）的研究發現，學生參與方案後，個人永續行動

有正向感知。課程以提升個人行動為著眼點，可以改變消費者學習後的環境行為，也增加了參與永續環境行動的可能性。Rajabzadeh（2011）的研究為探討學習後提升並內化的方法。環境教育中加入靈性感受和宗教理論，如生命故事等，是連結學習者到有意義的系統的方法。Crowe（2011）的研究顯示，在成人教育中提供學生真正的學習經驗，和產出他們在教室中要求的有意義的知識的方法。此取向鼓勵每一位學習者，內化所有學習在每天的生活中，生活在一種提升環境職責的生活方式中。最佳的成人環境教育方案，是提供學習者社會參與經驗，著重在成人有興趣參與的主題上。由以上文獻可知，提升環境素養的學習方案導入多元學習方案，可以幫助參與者從生態心理學的方向，思考自然生態與人類共存的重要性，並落實生態環境保育於生活中（荒野保護協會志工群譯，2010）。

二、轉化靈性生命課程之相關研究

茲就轉化靈性生命課程之相關研究及生命教育課程與靈性健康之相關研究，探討靈性健康學習方案設計。Lauzon（2001）提到，成人教育的教學者應該有將靈性成長導入課程的使命，瞭解學員並探究如何找出共同認知、倫理道德的教導等，在教學中影響學員靈性成長，並找出影響社會參與及社會學習是人際關係中的重要一環，因此鼓勵學員參加活動，讓學員從消極的面對人生到積極的創造生命的永恆價值，藉由學習來創造自己豐富生命的最大價值，是學習社會參與課程設計的目標。老人的生命中，靈性健康與生命態度息息相關。加入靈性和宗教傳統於教學中，提供一種替代的資訊取向，此取向鼓勵每一位學習者，內化所有學習在每天的生活中，

生活在一種提升社會職責的方式。廖淑純（2011）的研究中顯示，在靈性轉化學習中呈現出靈性在生命的意義與人生使命的展現。

三、生命教育課程與靈性健康之相關研究

全人教育學者Miller以慈悲與真誠關懷為出發點，認為生命教育是整全的全人教育，應引導參與者找回與自我內在的關聯、與群體他人之連結、與地球宇宙之關聯，也可以說是靈性教育（張淑美譯，2009）。適當的進行行為管理，找出最好的身心健康方案，創造最佳的內外在環境，是為自己創造幸福美好的命運。

全人自我管理教育及支持，既是健康促進教育模式，也符合世界衛生組織的健康目標及使命。人可以增能在個人、家庭及社區中，在個體的生理、情緒、靈性、社會、環境、專業領域、聰明智慧等面向發展成功模式，而所有的努力，都是要改善健康及生活品質。與社會經歷連結健康照護、健康促進，預防疾病並改善健康，重建健康及減少痛苦。綜上所述，茲將全人整體健康、靈性健康、經驗學習、輔助療法、轉化學習之理論基礎，歸納各名詞釋義如**表3-3**所示。

身心靈健康體驗活動，結合全人整體健康五層面，以靈性健康四面向為主軸，統合輔助療法之應用，彙整規劃出適合高齡學者之活動方案，依循經驗學習模式學習後產出學習成效，依個人學習動力及體會理解能力，內化其轉化學習後之正向行為為其經驗，使個人生命得以生長與翻轉，當高齡者健全心態及思維，就會體會到有愛的人生，就是有福氣的人生。

表3-3 身心靈健康體驗活動理論基礎

1	全人整體健康 （holistic health）	全人整體健康由生理、心理、社會、情緒、靈性五個層面組成，從個人發展的層面切入，透過積極正面的身心健康行為，達到整體的幸福安寧（洪悅琳，2009）。全人整體健康經常與全人健康（wellness）混淆，前者普遍應用於醫護等領域。
2	靈性健康 （spiritual health）	靈性健康是全人整體健康中，十分重要的層面。以天人物我的關係詮釋靈性，包括自己和自己、自己和他人、自己和自然、自己和神的關係（趙可式，1999）。由此可幫助學習者找出苦難的意義、學會愛與寬恕、學習與自然環境和諧共存和創造充滿感恩和盼望的生活，讓靈性健康得以在生活中實踐。
3	經驗學習 （experiential learning）	經驗學習，也稱為體驗教育，在文獻中，經驗學習和體驗學習經常交互使用。經驗學習通常為文獻之理論，引導研究之方向；而以經驗學習理論所設計出之體驗活動，則稱為體驗教育或體驗學習。體驗教育是指一個人直接透過體驗而後建構知識，獲得技能和提升自我價值的歷程，其最根本精神就是做中學，透過直接體驗會產生學習或行為上的改變（謝智謀、王貞懿、莊欣瑋，2007）。
4	輔助療法 （complementary medicine）	輔助療法，又稱為輔療，是指與慣用的西醫一起使用，但不加以取代的輔助治療方式。替代療法，是完全取代西醫的治療，又合稱為輔助及替代療法（complementary and alternative medicine, CAM），包含替代醫療體系、身心介入措施、生物療法、操作及身體療法和能量療法（施議強等，2005）。輔助療法，也是身心療法，目的在增進並維護身體健康。
5	轉化學習理論 （transformation learning theory）	轉化學習理論最早由Mezirow（1978）所提出，強調的學習改變比其他類型的學習更為深刻持久根本，並且內化轉成行動，實踐於生活之中。轉化學習理論的價值，在探討學習者內在觀點的轉變，如何藉由學習改變自身，而不僅是改變知識內容（蔡怡君，2012）。

Part 2

實務篇

Chapter

4

健康高齡者身心靈健康體驗活動設計

第一節　靈性健康活動方案設計與目標

　　本方案統整全人整體健康概念為取向，以靈性健康四大層面，分層設計靈性健康學習方案。靈性健康學習方案設計，依照設計理念，遵循靈性健康學習方案之目標，開展設計學習方案單元活動設計，其中課程講師之邀請，也要依照設計理念邀聘之。

　　依照靈性健康四大面向，透過靈性健康量表，以及十二單元的體驗活動，高齡者可以在自我探索、人際關係、自然和諧、正向超越四個層面，探索自己的靈性健康（**圖4-1**）。配合附錄九之靈性健康量表，以及附錄二之樂活生活作業單，參與者更可以自我檢視個人的靈性成長，達到身心靈健康的目標。

一、靈性健康學習方案設計

　　本單元以探討老人全人整體健康五大層面中之靈性健康為主軸，在每一個課程中，加入提升靈性健康的元素設計學習方案，來

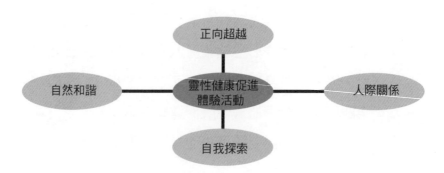

圖4-1　靈性健康促進體驗活動四層面

設計提升靈性健康的老人學習方案，並依照靈性健康四個面向，設計十二週之學習方案，如**表4-1**所示。

第1單元之學習方案為創藝幸福，以全人整體健康之心理健康取向開展設計，符合靈性健康面相之自己與自己層面；第2單元之學習方案為綠色生活，以全人整體健康之生理健康取向開展設計，符合靈性健康面相之自己與自己層面；第3單元之學習方案為歡樂年華，以全人整體健康之情緒健康取向開展設計，符合靈性健康面相之自己與自己層面；第1～3單元在靈性健康能力提升方面，主要在協助參與者，找出苦難的意義。

第4單元之學習方案為團康活動，以全人整體健康之社會取向開展設計，符合靈性健康面相之自己與他人層面；第5單元之學習方案為自我管理，以全人整體健康之社會取向開展設計，符合靈性健康面相之自己與他人層面；第6單元之學習方案為銀髮志工，以

表4-1　身心靈健康體驗活動課程表

單元	學習方案	全人整體健康取向	靈性健康面向	靈性健康能力提升
第1單元	創藝幸福	心理	自己	找出苦難的意義
第2單元	綠色生活	生理	自己	
第3單元	歡樂年華	心理	自己	
第4單元	團康活動	社會	他人	學會愛與寬恕
第5單元	自我管理	社會	他人	
第6單元	銀髮志工	社會	他人	
第7單元	環境教育	生理	自然	學習與自然環境和諧共存
第8單元	園藝生活	生理	自然	
第9單元	有機蔬食	生理	自然	
第10單元	生命光碟	靈性	神	創造充滿感恩和盼望的生活
第11單元	心靈饗宴	靈性	神	
第12單元	心靈花園	靈性	神	

全人整體健康之社會取向開展設計，符合靈性健康面相之自己與他人層面；第4～6單元在靈性健康能力提升方面，主要在協助參與者，學會愛與寬恕。

第7單元之學習方案為環境教育，符合靈性健康面相之自己與自然層面；第8單元之學習方案為園藝生活，符合靈性健康面相之自己與自然層面；第9單元之學習方案為有機蔬食，符合靈性健康面相之自己與自然層面；第7～9單元在靈性健康能力提升方面，主要在協助參與者，學習與自然環境和諧共存。

第10單元之學習方案為生命光碟，以全人整體健康之靈性健康取向開展設計，符合靈性健康面相之自己與神層面；第11單元之學習方案為心靈饗宴，以全人整體健康之靈性健康取向開展設計，符合靈性健康面相之自己與神層面；第12單元之學習方案為心靈花園，以全人整體健康之靈性健康取向開展設計，符合靈性健康面相之自己與神層面。第10～12單元在靈性健康能力提升方面，主要在協助參與者，創造充滿感恩和盼望的生活。

老人學習方案內容之分析與討論以行動研究的實施方式來進行，包括要有實務問題為導向、要有實務工作者的研究參與、行動者即教學者的概念、研究的情境是實務工作情境、是一個反省性的計畫等。其特質是將理論化為實務，從不斷的實踐反省過程中驗證出課程的適切性（陳美蘭，2014）。以下將學習方案之設計方式，分述如下：

1. 單元比例的分配：學習方案依照靈性健康之四大面向來設計課程，十二單元中依照比例分配課程比重，分別為自己與自己占25%，自己與他人占25%，自己與自然占25%，自己與神占25%。並依照全人整體健康五大面向為元素，參酌經驗

學習理論與體驗學習方案，設計出動手做，從做中學的體驗
活動。

2. 增加聯誼互動時間：以社會撤退理論來看，大多數老人因年
紀增長，會逐漸退縮在家，較不喜歡群聚生活，學習方案中
縮短了上課時間為一小時，增加了半小時到一小時的團聚用
餐，此舉為長者所喜歡，且讓彼此容易敞開心胸，對老人情
緒的抒發，有正向的幫助。

3. 以高齡休閒學習提高參與率：學習方案中安排了自然環境議
題及園藝種植課程，既符合老人喜歡參與休閒學習的期待，
環境教育結合體驗教育的學習方案，有助於老人的記憶力提
升，並提升參與率。

二、活動方案目標

本方案設計，依照老人的體力、安全和接受度，作為考量及設
計依據，並參考國內外學習方案設計理論及文獻來實施課程，實務
工作者可以在課後，以收回的學習回饋單，分析探討課程實施後學
員對課程的期待與感受。

本方案設計的理念，依據洪悅琳（2009）對於高齡者靈性健康
開展模式，其中靈性特質及其相對應面向，再參考趙可式（1999）
靈性健康之自己與自己、他人、自然，設計學習方案。課程進行前
所完成十二次單元活動設計，其十二週學習方案單元活動設計及活
動目標，如**表4-2**所示。

表4-2　十二週學習方案單元活動設計及活動目標

課程名稱	單元活動	學習方案活動目標
創藝幸福	1-1大腦活力健康操 1-2眉目傳情 1-3齒輪轉動 1-4彩繪花藝 1-5樂活新生活	1.認識自己與自己的關係 2.學習用不同的角度看事情 3.學習活化大腦健康操 4.手創麵包花達到紓減壓力的功效
綠色生活	2-1手足保健健康操 2-2煩惱箱 2-3矇眼摸象 2-4動動腦時間 2-5園藝植栽	1.認識自己與自己的關係 2.學習用不同的角度看事情、拋開煩惱 3.學習手足保健健康操 4.體驗身障者的感受 5.學習以同理心，理解自己和他人所遇到的困難 6.以修復受傷植物的過程，學習照顧自己和他人
歡樂年華	3-1十巧手 3-2園藝種植 3-3當我們同在一起 3-4歡唱時間 3-5小小的夢想帶動唱 3-6煩惱箱	1.認識自己與自己的關係 2.學習帶動唱 3.學習十巧手保健健康操 4.以音樂抒解情緒 5.學習植物栽種的過程，瞭解植物種植指導者及心靈修復引導者的存在的重要
團康活動	4-1手足保健操 4-2靜坐冥想 4-3你說我畫 4-4愛的抱抱 4-5手腳協調猜拳遊戲 4-6歡樂年華 4-7祈福箱 4-8鏡子遊戲	1.認識自己與他人的關係 2.以帶動唱的方式達到運動效果 3.學習情緒管理，提升EQ 4.學習以同理心看待事情 5.學習以擁抱來關懷疼愛他人 6.以音樂療癒心靈 7.學習為他人祈福，不著眼於自己的煩惱
自我管理	5-1我說你聽 5-2我有平安如江河 5-3長青照護 5-4生命的靈糧 5-5好睡秘訣大公開 5-6坐式健康操	1.認識自己與他人的關係 2.學習自我照護 3.學習預防保健 4.瞭解生命的靈糧

（續）表4-2　十二週學習方案單元活動設計及活動目標

課程名稱	單元活動	學習方案活動目標
銀髮志工	6-1自然名記憶遊戲 6-2讚美之詞 6-3毛毛蟲 6-4幸福學 6-5負面之詞的對話遊戲 6-6聖經故事	1.認識自己與他人的關係 2.用記憶的方式活化腦部細胞 3.學習讚美 4.體悟他人與黑暗中的協助，需要信心的支持及全然的交託，所帶來的信任感
環境教育	7-1與大自然做朋友 7-2影片分享	1.認識自己與自然的關係 2.學習珍惜自然
園藝生活	8-1活在當下 8-2黃色小鴨大遊行 8-3沒大沒小 8-4同心圓 8-5食物鏈 8-6為社會做一件事 8-7拼出自然美 8-8園藝生活分享	1.認識自己與自然的關係 2.跳出生活舒適圈 3.瞭解活出生命意義的理念 4.認識食物鏈，瞭解人為破壞對生產者（植物）造成的影響，進而對人類的傷害，提醒大家愛護自然
有機蔬食	9-1新世紀飲食 9-2週一無肉日 9-3有機三部曲 9-4志工生活	1.認識自己與自然的關係 2.瞭解志工藉由志願服務產生的生命連結 3.體悟生命的靈糧與日常飲食的重要
生命光碟	10-1請跟我來 10-2數字排序 10-3施比受更有福 10-4喜樂的心乃是良藥 10-5彩繪生命樹 10-6生命光碟 10-7創作力大作戰 10-8雨滴衝衝衝 10-9幸福圍繞著我們	1.認識自己與神的關係 2.對信仰有更深一層的瞭解 3.如何得生命中的財寶

（續）表4-2　十二週學習方案單元活動設計及活動目標

課程名稱	單元活動	學習方案活動目標
心靈饗宴	11-1左抓右逃 11-2開心的事 11-3水氣球 11-4香杯與臭水 11-5唱詩歌 11-6祈福感恩時間	1.認識自己與神的關係 2.對信仰有更深一層的瞭解 3.如何得生命中的財寶
心靈花園	12-1幸福的記憶 12-2大西瓜和小西瓜 12-3耶和華祝福滿滿 12-4記憶訓練 12-5不會爆炸的氣球 12-6角度 12-7我的信仰 12-8人生真理 12-9信心與信仰	1.認識自己與神的關係 2.對信仰有更深一層的瞭解 3.如何得生命中的財寶

三、課程講師

　　本課程之講師，包括課程規劃者、護理師、園藝志工講師、有機蔬食講師及牧師，如**表4-3**所示。

　　教育人員的熱情，是促進學習成功的重要因素。除了設計教案

表4-3　課程講師

講師代號	課程講師	講授單元
T1	講師及課程規劃者	第1、2、3、4、6、8、10單元
T2	護理師	第5單元
T3	園藝志工講師	第7單元
T4	有機蔬食講師	第9單元
T5	宗教團體講師	第11、12單元

外，觀察反思教育課程的安排，是否落實在社會教育。發展學習方案的進程需要好的方法及經驗，加上講師群共同努力，教學觀察者的專業素養，教學的準備，結合教學活動設計，教學工作的省思，都是本研究設計研究方法時多面向考量的重點。成人終身教育雖然沒有評鑑制度，但是導入自我評量方式，藉由教學觀察，彼此學習，互動後所回饋的，可以作為自我成長改進之處。

　　以下將高齡身心靈健康促進學習方案，分成自我探索、人際關係、自然和諧、正向超越共四個層面，來設計整合之體驗活動。

 ## 第二節　高齡身心靈健康促進學習方案──自我探索

　　自我探索主要在探求靈性健康中之自己與自己的層面，共設計三堂課。

　　本節之高齡身心靈健康促進學習方案與自我探索有關，除了學習用不同的角度看事情之外，單元的設計在活化高齡者的大腦，幫助長者減輕生活上的壓力，並促進其身心靈健康平衡發展。在活動參與中，體會他人的感受，改變自己的思維及行為，引導自己交託苦難的感受，平撫長者本身在面對日漸老化的身體功能之時，可以克服未知的恐懼所帶來的憂慮。藉由喜樂的音樂，輔助情緒的抒發，加上以健康操來活絡筋骨，提升高齡者的學習參與，增強其免疫力，增加彼此互動的機會。此三單元的特性，在協助自己找到克服苦難的能力，幫助自己去除負面想法，增加正向能量，探索自我內心世界，改變自己的生活方式，才能翻轉生命轉向幸福。引導者使用之教材，包括齒輪圖、樂活生活作業單、煩惱箱、植物盆栽、象棋口罩、紙、筆等，依照不同單元之進行，使用相關之輔助工

具，增加活動進行之趣味性，提高體驗參與程度，活化長者大腦對身心靈健康提升行動的反思和執行力。

單元活動設計第1堂

單元名稱	創藝幸福		
適用對象	55歲以上長者、一般民眾		
活動時間	50分鐘	參與人數	32人
使用教材	・黏土 ・筆 ・齒輪圖 ・綠色生活作業單 ・樂活生活作業單		
活動目標	1.認識自己與自己的關係 2.學習用不同的角度看事情 3.學習活化大腦健康操 4.手創麵包花達到紓減壓力的功效		
活動流程之內容設計		時間	活動資源或器材
【開場白】 老師自我介紹並做課程說明。		5分鐘	麥克風
【學習方案1-1大腦活力健康操】 1.暖身、搓手、敷眼睛。 2.轉眼睛、按鼻穴、舌繞口內。 3.按壓耳、拍肩、搓頭。 4.搓手、搓全身。 5.搓腋下、搓鼠蹊部。		5分鐘	
【學習方案1-2眉目傳情】 1.老師請大家兩人一組，要大家眉目傳情，看哪個順眼，就拉在一起。 2.找到一個夥伴，然後互相自我介紹。 3.二個人一組後，再以眉目傳情的方式，四組湊在一起，變成八人一組。		5分鐘	
【學習方案1-3齒輪轉動】 1.發給每一位學員齒輪圖，盯著中心黑點看。 2.紙前後移動，會發現齒輪在轉動。 3.象徵著活動開始。		5分鐘	齒輪圖

【學習方案1-4彩繪花藝】 1.準備黏土。 2.每人拿一些，做成四個小圓。 3.再做成水滴狀，其中一個水滴，做花心，三個水滴，用大拇指壓成花瓣再做成茉莉花。	20分鐘	黏土
【學習方案1-5樂活新生活】 說明樂活生活作業單如何完成。	5分鐘	樂活生活作業單
【統整與總結】 1.齒輪轉動活動，是要學習從不同的角度看事情。 2.老師舉自己看事情的例子做分享。	5分鐘	麥克風

評量方式	活動結束後，學員填寫學習回饋單。
週間作業	樂活生活作業單。
課後檢討	社區活動據點的教室不大，擺上桌子，教室就會比較擁擠，下次上課改成ㄇ字型，就沒有前後排的問題，桌子可以放在椅子後面。 學習回饋單的字體大小由12改成14，比較容易閱讀。
注意事項	1.注意安全及保持室內通風良好。 2.主持人說話速度宜放慢，隨時確認長者瞭解活動說明及過程。 3.活動時間須掌握確實，活動時間以50分鐘為宜，隨時彈性調整時間。 4.活動進行前，要求學員互相尊重隱私權，並避免負面言詞或攻擊。 5.小組分享時，可穿插志工在其中分享，如此比較有指引性。
參考資料	 齒輪圖http://www.stargogo.com/2011/11/blog-post_1035.html 這是一張靜止的圖片。你的心理壓力越大，圖片轉動越快，而兒童看這幅圖片一般是靜止的。

單元活動設計第2堂

單元名稱	綠色生活		
適用對象	55歲以上長者、一般民眾		
活動時間	50分鐘	參與人數	32人
使用教材	• A4空白紙、筆、小箱子1個 • 盆栽4個、植物4株、小盆栽32個 • 象棋4盒、口罩8個 • 動動腦遊戲圖 • 綠色生活作業單 • 樂活生活作業單		
活動目標	1.認識自己與自己的關係 2.學習用不同的角度看事情、拋開煩惱 3.學習手足保健健康操 4.體會視障者的感受 5.學習以同理心,理解自己和他人所遇到的困難 6.以修復受傷植物的過程,學習照顧自己和他人		

活動流程之內容設計	時間	活動資源或器材
【開場白】 週間作業說明。	5分鐘	麥克風
【學習方案2-1手足保健健康操】 1.暖身、搓手、敷眼睛、搓手、搓全身。 2.舉手、放下、配合深呼吸。 3.拍手外側、再內側。 4.拍肚子。 5.拍腳外側、再內側。 6.舉手預防五十肩。 7.拍肩膀。	5分鐘	
【學習方案2-2煩惱箱】 1.32小張空白紙,發給每位學員。 2.請學員寫下自己最近最煩惱的事,丟進煩惱箱。 3.請學員將煩惱的事拋開,才會快樂。 4.老師將煩惱箱帶回,告訴學員會為他們禱告。	5分鐘	A4空白紙3張 筆 小箱子1個
【學習方案2-3矇眼摸象】 1.每組一盒象棋,兩個口罩,推派兩個代表。 2.第一個代表,矇眼後,要將象棋堆高,哪一組堆最高就贏。 3.第二個代表,計時2分鐘。	10分鐘	象棋4盒 口罩8個

【學習方案2-4動動腦時間】 如何用一條線將九個點連起來？	15分鐘	動動腦時間 （附錄六）
【學習方案2-5園藝植栽】 1.找4株在戶外曬傷的植物。 2.請每組認領一株，同心協力修復它。 3.學員回家找種子或植物來種，分享栽種的過程，及挫折時、栽種不成時，如何處理，方法為何？	5分鐘	盆栽4個 植物4株 小盆栽32個
【統整與總結】 1.每一個人多多少少都有煩惱，其實，今天寫下來的煩惱，三星期後再看，也許煩惱不會發生，有時候是自己想太多，讓自己造成自己的困擾。 2.矇眼時，很緊張，旁人東說一句，西說一句，都不知道是在幫忙還是雜音，到底該聽誰的，讓摸象的人更緊張。 3.還有旁人有沒有用同理心去幫忙矇眼的人，讓他順利完成任務，即使失敗了也鼓勵安慰他，並讚美他。	5分鐘	麥克風

評量方式	活動結束後，學員填寫學習回饋單。
週間作業	完成樂活生活作業單。
課後檢討	有多準備兩個活動備案，沒用到，可以下一次在課間穿插活動。
注意事項	1.矇眼摸象的活動比較緊張，活動前請有心臟病或高血壓病史者，先告知。 2.隨時確認長者瞭解活動說明及過程。 3.活動時間須掌握確實，活動時間以50分鐘為宜，隨時彈性調整時間。 4.課後一同用餐，可以增加彼此互動。

單元活動設計第3堂

單元名稱	歡樂年華		
適用對象	55歲以上長者、一般民眾		
活動時間	50分鐘	參與人數	32人
使用教材	・A4空白紙、筆、小箱子1個 ・盆栽1個、竹柏4株、劍山1個、培養土少許 ・樂活生活作業單 ・學員回饋單		
活動目標	1.認識自己與自己的關係 2.學習帶動唱 3.學習十巧手保健健康操 4.以音樂紓解情緒 5.學習植物栽種的過程，瞭解植物種植指導者及心靈修復引導者的存在的重要		
活動流程之內容設計		時間	活動資源或器材
【開場白】 老師介紹今天要帶歡唱時間及帶動唱的志工給大家認識。		5分鐘	麥克風
【學習方案3-1十巧手】 1.手心對手心拍手七次。 2.右手握拳拍左手。 3.手心對手心拍手七次左手握拳拍右手。 4.手心對手心拍手七次蓮花側拍蓮花側。 5.手心對手心拍手七次手縫拍手縫。 6.手心對手心拍手七次左虎口拍右虎口。 7.手心對手心拍手七次右虎口拍左虎口。 8.手心對手心拍手七次右手背拍左手背。 9.手心對手心拍手七次左手背拍右手背。 10.手心對手心拍手七次左手側拍右手側手心。 　　對手心拍手七次右手側拍左手側。		5分鐘	
【學習方案3-2園藝種植】 1.簡單分享扦插和移盆的方法。 2.用上堂課，受傷植物為例，解說當植物受傷時，我們會去找專家或找老師解決。 3.延伸至我們生病時，會去找醫生看病解決。 4.而心理有不舒服的時候，要找誰呢？請學員踴躍發言分享。		5分鐘	盆栽1個 竹柏4株 劍山1個 培養土少許

【學習方案3-3當我們同在一起】 1.請分成四組的學員，站成四排。 2.由志工帶頭指揮學員排隊站好。 3.講解遊戲規則前，先請學員把手放在前面學員的肩膀上。 4.開始唱〈當我們同在一起〉。 5.遊戲開始，當唱到「我」、「你」時，要跳轉到後面（轉180度），唱完整首歌。	10分鐘	
【學習方案3-4歡唱時間】 1.志工準備兩首歌，分別是〈小小的夢想〉和〈我有平安如江河〉（見備註）。 2.唱〈小小的夢想〉之前，問學員是不是有夢想，請三個學員說出他們的夢想。希望唱出這首歌之後，夢想會實現。開始唱歌，以吉他帶唱。 3.第二首歌唱時，平安可以改成永恆的生命，健康的身心來延伸這首歌。	10分鐘	歌詞
【學習方案3-5小小的夢想帶動唱】 1.舉左手，舉右手，雙手舉高。 2.舉左手，舉右手，雙手伸直。 3.手飄動，交叉放胸前。 4.交叉放胸前，雙手展開。 5.舉左手，舉右手，雙手舉高。 6.和旁邊同學並肩搖。 7.跑步，轉個圈。 8.右手彎起表示剛強的意思。 9.再唱一次之前，請學員向左右邊的學員說「加油」，然後後繼續重複唱。 10.最後一次唱副歌的時候，速度要放慢。	10分鐘	
【學習方案3-6煩惱箱】 請學員把這星期的煩惱寫下來，投入煩惱箱，讓老師及同工幫忙祈福禱告。	3分鐘	A4空白紙、筆、小箱子1個
【統整與總結】 今天讓大家開始學習招呼彼此，一同用餐，在用餐的時候，開始使用環保筷，一同用餐，彼此互相更熟悉。	2分鐘	麥克風

評量方式	活動結束後，學員填寫學習回饋單。
週間作業	1.完成樂活生活作業單。 2.完成自然名。 3.為環境做一件事，種植一盆植物。
課後檢討	團康活動需要四個志工協助。
注意事項	1.課後一同用餐，可以增加彼此互動。 2.唱完後，讚美學員說「太棒了」。
備註	〈小小的夢想〉 藍天是白雲最美的故鄉 大地是小草成長的地方 海洋是河流安歇的暖房 夢想是未來幸福天堂 小小的夢想能成就大事 只要仰望天父的力量 小小的夢想能改變世界 帶來明天的盼望
	〈我有平安如江河〉 我有平安如江河 我有平安如江河 我有平安如江河在我心 我有平安如江河 我有平安如江河 我有平安如江河在我心 （重複）2我有愛心如江河 （重複）3我有喜樂如江河

 第三節　高齡身心靈健康促進學習方案——人際關係

　　人際關係主要在探求靈性健康中之自己與他人的層面，共設計三堂課。

　　本節之高齡身心靈健康促進學習方案與人際關係有關，除了學習改變同理心之外，參與者開始著眼在關心他人的事物上，學習情緒管理、健康管理、正向思考，體會到施比受更有福，以聖經故事引出人的軟弱，藉由學習寬恕他人而得智慧與平安。此三單元的特性，在以各樣團康活動，藉由活動的帶領，讓長者在富趣味性和知識性的遊戲中，感受到成為他人天使是幸福的來源。愛的抱抱是其中讓長者互動中感受最深刻的活動之一，特別是在民風保守的社會氛圍中長大的高齡長者，對說出感謝之詞，表達感恩之情，用具體行動表現，可以增進其對再踏入社會與人互動，增加其志願服務可能性的學習方案之一。引導者使用之教材，包括烏克麗麗、祈福箱、樂活生活作業等，他人生命經驗的見證分享故事，也是鼓勵高齡者投入銀髮志工行列的激勵因子之一。

單元活動設計第4堂

單元名稱	團康活動		
適用對象	55歲以上長者、一般民眾		
活動時間	50分鐘	參與人數	32人
使用教材	・A4空白紙、筆、小箱子1個 ・你說我畫 ・烏克麗麗 ・樂活生活作業單 ・學員回饋單		

活動目標	1.認識自己與他人的關係		
	2.以帶動唱的方式達到運動效果		
	3.學習情緒管理，提升EQ		
	4.學習以同理心看待事情		
	5.學習以擁抱來關懷疼愛他人		
	6.以音樂療癒心靈		
	7.學習為他人祈福，不著眼於自己的煩惱		
活動流程之內容設計		時間	活動資源或器材
【開場白】 1.今天開始要學習如何管理自己的情緒，讓愛與關懷，變成一種行動。 2.並學習用同理心看待他人和事物。		2分鐘	麥克風
【學習方案4-1手足保健操】 複習前幾週課程中的健康操。		2分鐘	
【學習方案4-2靜坐冥想】 1.請學員坐在椅子上。眼睛閉起來。 2.手輕輕放在大腿上。 3.先練習深呼吸。記得用鼻子吸氣，用嘴巴吐氣。 4.持續深呼吸，老師帶領大家做五次。		3分鐘	
【學習方案4-3你說我畫】 1.兩個人一組。 2.其中一個人拿圖，一個人拿白紙和筆，一個人觀察。 3.遊戲規則是不可以說話。 4.拿圖的人，告訴畫的人，圖案的位置，請他畫出來一樣的圖。		10分鐘	你說我畫（附錄五） 空白紙、筆
【學習方案4-4愛的抱抱】 1.老師先示範擁抱的方式。 2.請學員用擁抱的方式，跟對方說謝謝。		5分鐘	
【學習方案4-5手腳協調猜拳遊戲】 1.腳猜拳，步驟如下： 2.剪刀，交叉。 3.石頭，併攏。 4.布，打開。 5.手猜拳，按照一般剪刀、石頭、布。 6.手腳要一起猜拳。		5分鐘	

【學習方案4-6歡樂年華】 老師解釋烏克麗麗的彈法，用樂器伴奏，請學員一起唱。然後再帶動唱。 帶動唱動作如下： 1.大腿兩下手兩下，點點頭（點左點右）。 2.大腿兩下手兩下，握握手（跟左邊的朋友）。 3.大腿兩下手兩下，握握手（跟右邊的朋友）。 4.大腿兩下手兩下，兩手在胸前比心型（重複）。	10分鐘	烏克麗麗
【學習方案4-7祈福箱】 請學員在紙上寫上想請牧師幫忙禱告的事。	3分鐘	A4空白紙、筆、小箱子1個
【學習方案4-8鏡子遊戲】 1.老師請一個學生上來角色扮演當鏡子。 2.老師演很生氣的樣子。	5分鐘	
【統整與總結】 1.今天的活動讓我們學會如何管理自己的情緒。學習情緒管理，以同理心看待事情。 2.學習為他人祈福，不著眼於自己的煩惱，並以音樂療癒心靈。台灣人表達疼愛關懷的方式比較保守，也不容易說出口，希望大家用擁抱來表達關愛，用讚美來完美每一件事。	5分鐘	麥克風
評量方式	活動結束後，學員填寫學習回饋單。	
週間作業	完成樂活生活作業單。	
注意事項	1.用餐前，請剛剛猜拳輸的人先來排隊用餐，贏的人來選禮物。 2.玩愛的抱抱活動之前，要解釋擁抱的定義和方法來避免尷尬。	

單元活動設計第5堂

單元名稱	自我管理		
適用對象	55歲以上長者、一般民眾		
活動時間	50分鐘	參與人數	32人
使用教材	・樂活生活作業單 ・學員回饋單		
活動目標	1.認識自己與他人的關係 2.學習自我照護 3.學習預防保健 4.瞭解生命的靈糧		
活動流程之內容設計		時間	活動資源或器材
【開場白】 今天請護理師為我們講授預防保健長青照護。		2分鐘	麥克風
【學習方案5-1我說你聽】 1.當老師說耳朵，你就要摸嘴巴。 2.當老師說摸嘴巴，你就要摸頭。		5分鐘	
【學習方案5-2我有平安如江河】 帶動唱複習。		5分鐘	
【學習方案5-3長青照護】 護理師分享平日長青照護保健方法。		20分鐘	
【學習方案5-4生命的靈糧】 1.補充六大營養素概念。 2.分享生命的靈糧的見證。		5分鐘	
【學習方案5-5好睡秘訣大公開】 1.睡的好不失眠的方法分享。 2.去除導致失眠的影響因子的方法。		5分鐘	
【學習方案5-6坐式健康操】 1.五十肩運動。預防感冒健身操。 2.養生保健操。腳提高。腳踝動一動。		5分鐘	
【統整與總結】 預防保健是很重要的，如何保持身體健康，包括飲食、運動、睡眠三項都很重要。長青照護議題是希望藉由預防重於治療的概念，讓大家身心靈都很健康。當然，心靈的餵養也是很重要的。		3分鐘	麥克風
評量方式	活動結束後，學員填寫學習回饋單。		
週間作業	完成樂活生活作業單。		
注意事項	課後一同用餐，可以增加彼此互動。		

單元活動設計第6堂

單元名稱	銀髮志工		
適用對象	55歲以上長者、一般民眾		
活動時間	50分鐘	參與人數	32人
使用教材	• A4空白紙、筆、小箱子1個 • 布偶 • 口罩32個 • 幸福籌碼 • 樂活生活作業單 • 學員回饋單		
活動目標	1.認識自己與他人的關係 2.用記憶的方式活化腦部細胞 3.學習讚美 4.體悟他人與黑暗中的協助，需要信心的支持及全然的交託，所帶來的信任感		

活動流程之內容設計	時間	活動資源或器材
【開場白】 今天玩矇眼的遊戲。	5分鐘	麥克風
【學習方案6-1自然名記憶遊戲】 1.大家站起來，圍成一個圓圈。 2.先報出自己的自然名。 3.自己找一個人，喊出他的自然名，然後把布偶丟給他。 4.他再丟給下一個。 5.一直丟到所有人都有拿過布偶為止。	10分鐘	布偶
【學習方案6-2讚美之詞】 1.舉「婉君的例子」（見備註），鼓勵大家學會讚美。 2.可以舉其他例子。	5分鐘	
【學習方案6-3毛毛蟲】 1.眼睛閉起來。 2.手搭在前面人的肩膀上。 3.老師協助大家進行活動。 4.老師請大家放心，跟著走。	10分鐘	口罩32個

【學習方案6-4幸福學】 1.先完成祈福箱。 2.每一個人拿一個幸福籌碼。 3.遊戲方法跟施比受更有福一樣。	5分鐘	A4空白紙、筆 小箱子1個 幸福籌碼
【學習方案6-5負面之詞的對話遊戲】 第一輪學員說負面之詞，A只能回答不是的。 第二輪說負面之詞，A只能回答是的（誠實回答），若你都有做到，就搖頭表示，但不能說話（感覺到當下沒辦法說明理由）。 第三輪說正面之詞，A只能回答「謝謝」，再回答「好」。（見附錄四）	5分鐘	
【學習方案6-6聖經故事】 1.寬恕中得智慧與平安的故事。 2.舉罪人被饒恕的聖經故事。	5分鐘	
【統整與總結】 幸福學要學得好，就是要走出去幫助他人，建立好和信仰的神的關係。體悟他人與黑暗中的協助，需要信心的支持及全然的交託，所帶來的信任感。神永遠在我們身邊幫助著我們，有時會有天使（貴人）幫助我們，有時我們也可以成為別人的天使，幫助他人，找回生命中的連結，今天起，拿起電話，打電話給你想要關心的人，或曾經關心過你的人。	5分鐘	麥克風
評量方式	活動結束後，學員填寫學習回饋單。	
週間作業	完成樂活生活作業單。	
注意事項	課後一同用餐，可以增加彼此互動。	
備註	「婉君的例子」，是一位住在身心障礙機構的女孩，19歲出車禍傷到腦部，現在已經25歲，每次婉君看到有訪客，總是看著對方的眼睛，跟對方說「你好漂亮喔」、「你的眼睛好漂亮，好像林青×喔」、「你好好喔」，從她真摯的眼神和讚美的話語，身心健康的我們，自覺口中讚美之詞不及她的多，不及她的真摯，她是我們學習的對象。許多不曾參觀過機構但對機構有負面看法的人，也因著她，有越來越多的人，開始關心及瞭解身心障礙機構，對機構的看法也漸漸較為正面。筆者曾經帶領一群松年大學的學生參訪身心障礙機構，一開始部分長者們對參加這類參訪，相當不能認同，後來破除心理障礙，參訪後，大多數的人，都說「跟自己原來想的都不一樣，沒有想像中的可怕，而且覺得很溫馨，希望常常到那裡去看婉君」。婉君雖然不能站立，也無法工作，但是她卻幫助這個社會的人，破除許多心理障礙，學習人生「讚美的功課」，每次舉她的例子分享，就是她再次在做見證分享，在世上發光的溫馨例子。	

 第四節　高齡身心靈健康促進學習方案——自然和諧

自然和諧主要在探求靈性健康中之自己與自然的層面，共設計三堂課。

本節之高齡身心靈健康促進學習方案與自然和諧有關，除了學習欣賞大自然美景之外，也體會到造物者的萬能及感受到尊重自然及尊重他人。從園藝生活中，展開動手做的體悟及超越自我不足的能力。從無知、認知到學會謙卑，是智慧人生的最初起始與末了體悟。日常飲食是每日要面對的，身體健康與否與飲食間大大相關，然而從此一觀點及思維，認識到心靈成長的奧秘，體悟到生命靈糧的重要。此三單元的特性，是在活動參與中，體會到生命與自然的關係，進而引導到與靈性健康有密切相關的單元。引導者使用之教材，包括小禮物、水果、台灣自然美景簡報及相片、受傷的植物、為環境做一件事的工具（鞋帶、橡皮筋、塑膠杯等），這三個單元裡有兩個單元，是需要事先邀請志工講師來做專業的分享的，除了受邀講課單位的簡報檔之外，志工講師個人生命經驗的見證分享，是影響長者投入服務社會動力的來源。

單元活動設計第7堂

單元名稱	環境教育		
適用對象	55歲以上長者、一般民眾		
活動時間	50分鐘	參與人數	32人
使用教材	• PPT、投影機、電腦 • 小禮物（或餅乾）數份 • 樂活生活作業單 • 學員回饋單		

活動目標	1.認識自己與自然的關係 2.學習珍惜自然		
活動流程之內容設計		時間	活動資源或器材
【開場白】 1.引導員自我介紹。 2.到處有大自然的好朋友，只是我們沒注意到。		5分鐘	麥克風
【學習方案7-1與大自然做朋友】 1.猜看看相思樹四季的相片。 2.認識台灣生態之美（見備註）。 3.瞭解要和大自然做朋友，就從身邊做起。 4.瞭解人類總是對動植物做無情的傷害，包括在 　樹皮刻字，自私的獵捕飼養。所以從今天起， 　加入友善自然的行列。		30分鐘	PPT 投影機 電腦 小禮物（或餅 乾）數份
【學習方案7-2影片分享】 看見台灣影片，認識台灣。 www.youtube.com/watch?v= jujIW9pRUY8 用YouTube影片看見台灣之美。		10分鐘	
【統整與總結】 1.人類的無情傷害，造成對大自然的破壞。 2.珍惜自然，學習共生。		5分鐘	麥克風
評量方式	學員填寫學習回饋單。		
週間作業	完成樂活生活作業單。		
參考資料	荒野保護協會推廣講師簡報。		
備註	台灣生態之美圖片		

雪山
資料來源：觀光局，http://www.
taiwan.net.tw

蘭嶼
資料來源：旅遊王，http://travel.
network.com.tw/tourguide/mtravel/
weekend/92.html

太魯閣
資料來源：觀光局，http://www.
taiwan.net.tw

嘉明湖
資料來源：上河文化，http://www.
sunriver.com.tw/takayama/egglake.
htm

月世界
資料來源：義守大學網站，http://fstd.
isu.edu.tw/scenery/scenery_4.php

澎湖
資料來源：觀光局，http://www.
taiwan.net.tw

單元活動設計第8堂

單元名稱	園藝生活		
適用對象	55歲以上長者、一般民眾		
活動時間	50分鐘	參與人數	32人
使用教材	• A4空白紙、筆 • 貼紙32張 • 蓮霧32顆 • 杯子24個、白色標籤貼24張 • 橡皮筋20條、鞋帶32條 • 大自然圖4張 • 繩子4條 • 受傷的盆栽1盆 • 樂活生活作業單 • 學員回饋單		
活動目標	1.認識自己與自然的關係 2.跳出生活舒適圈 3.瞭解活出生命意義的理念 4.認識食物鏈，瞭解人為破壞對生產者（植物）造成的影響，進而 　對人類的傷害，提醒大家愛護自然		

活動流程之內容設計	時間	活動資源或器材
【開場白】 今天的活動，除了體驗遊戲之外，也讓大家在課堂上，就可以做志工服務，為社會做一件事。	2分鐘	麥克風
【學習方案8-1活在當下】 1.每一組發8顆蓮霧。 2.請學生站起來，看準想要拿哪一個蓮霧。 3.請學生把蓮霧放到原來的位置。 4.老師問，現在放的位子是原來的位子嗎？ 5.老師請大家再看清楚蓮霧的位子。 6.請學生站起來，看準想要拿哪一個蓮霧。 7.老師數一二三，學生就把蓮霧拿起來。 8.老師再請學生把蓮霧放到原來的位置。 9.老師問大家，現在放的位子真是原來的位子嗎？當然，沒有100%也有95%。	5分鐘	蓮霧32顆

【學習方案8-2黃色小鴨大遊行】 1.每一個人拿一張黃色小鴨貼紙，依照黃色小鴨 　貼紙背後的組別，重新分組。 2.第一組是竹柏。 3.第二組是地瓜葉。 4.第三組是黃金葛。 5.第四組是常春藤。	5分鐘	貼紙32張
【學習方案8-3沒大沒小】 1.第一次依照生日的月份排。 2.第二次依照年齡排。 3.遊戲規則是一定要踩在繩子上。	10分鐘	繩子4條
【學習方案8-4同心圓】 1.首先分成4組，每人拿一條鞋帶，每組拿橡皮筋 　5條。 2.將自己手上的鞋帶，繫在橡皮筋上。 3.結要打兩次比較安全。 4.學員試著將同心圓撐開，合起。 5.練習是否可以同心協力將杯子夾起來。	5分鐘	橡皮筋20條 鞋帶32條
【學習方案8-5食物鏈】 1.每組拿6個杯子，白色標籤貼紙6張。 2.老師介紹第一層的生產者植物。 3.請學員想出三個可食植物的名字，寫在白色標 　籤貼紙上，然後貼在杯子上。老師可以提示， 　例如地瓜葉、菠菜、小黃瓜等。 4.第二層是，是初級消費者。 5.第三層是，是次級消費者。 6.把剛剛1-5做好的同心圓，堆疊成金字塔。	5分鐘	白色標籤貼紙24 張 杯子24個
【學習方案8-6為社會做一件事】 1.整理剛剛做好的同心圓和食物鏈杯子。 2.讓學員在活動中瞭解做志願服務的意義。	5分鐘	
【學習方案8-7拼出自然美】 1.準備4張大自然圖，每張剪成8片。 2.每份上面依照1、2、3、4寫在上。 3.先給每人一塊拼貼圖塊。 4.依照號碼重新換位子，隊員重組。 5.然後再拼出拼圖，並說出那張圖是什麼。	5分鐘	大自然圖4張

【學習方案8-8園藝生活分享】 學員分享最近園藝種植的生活。	3分鐘	受傷的盆栽1盆
【統整與總結】 1.把今天活出美好，就是活在當下。 2.重新分組的方式，可以讓小組以外不太熟識的學員，彼此重新認識。 3.鼓勵同學從付出開始學習，找尋自己和自己信仰的神的連結，重視心靈的餵養，以活出美好為目標。 4.同心圓是讓大家同心協力完成一件事。 5.食物鏈中我們知道人類食物的來源，也瞭解人為的破壞，最終還是會傷害到人類本身，鼓勵學員重視人與自然的共生共榮。 6.為社會做一件事，鼓勵學員，付出可以有很多方式，鼓勵學員投入志願服務，貢獻時間和心力。 7.拼出大自然活動，可以打破小團體，重新認識不同的夥伴。 8.從園藝生活中，感受到造物者（神）的全能，瞭解到人的生活如同自然萬物一樣，都會生老病死，都會對社會有貢獻。人類破壞了自然生態，最後還是傷害了人類自己，所以我們要保護環境，愛惜資源。	5分鐘	
評量方式	活動結束後，學員填寫學習回饋單。	
週間作業	1.完成樂活生活作業單。 2.下週第九週要完成盆栽種植作業。	
注意事項	課後一同用餐，可以增加彼此互動。	

沒大沒小這個互動遊戲拉進長者們的距離,瞭解屬靈生命年齡不分大小。

老師帶領的體驗活動讓我們感覺回到童年玩遊戲的日子,很開心。可愛的長者們一心想要趕快完成任務,一時忘記遊戲規則。

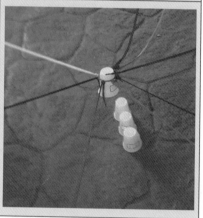

單元活動設計第9堂

單元名稱	有機蔬食		
適用對象	55歲以上長者、一般民眾		
活動時間	50分鐘	參與人數	32人
使用教材	・樂活生活作業單 ・學員回饋單 ・簡報檔案PPT		
活動目標	1.認識自己與自然的關係 2.瞭解志工藉由志願服務產生的生命連結 3.體悟生命的靈糧與日常飲食的重要		

活動流程之內容設計	時間	活動資源或器材
【開場白】 引導員跟大家分享樂活蔬食，認識有機認證的食物。	5分鐘	麥克風
【學習方案9-1新世紀飲食】 1.跟大家分享一段新世紀飲食的影片，作者是約翰・羅彬斯，他在1998年出了這本書，告訴大家飲食的重要性。 2.瞭解四大死亡癌症分別是肺癌、肝癌、大腸癌和乳癌，與我們日常生活飲食相關。建議大家少吃肉，多吃蔬果。 3.比較肉食和蔬食中蛋白質的含量（海鮮中的蝦，每百克蛋白質的含量是18，而豆皮卻有高達每百克蛋白質51的含量，其他像是黑豆、黃豆、紫菜、花生，也都比蝦多）。 4.比較肉食和素食裡鈣質的含量（羊奶每百克鈣質的含量是12，而黑芝麻卻有高達每百克鈣質124的含量，其他像是黃豆、紫菜、高麗菜和莧菜，也都很多鈣質）。 5.舉耶魯大學費希爾教授實驗發現為例，素食者比吃肉的人更有耐力。例如像是亞歷山大・達格，他是德國運動員、健美冠軍兼醫生，還有艾琳娜華倫契克，牙醫系的學生，2005年德國羽量級拳擊冠軍，他們都吃素。還有像是蘇格拉底、達文西、愛迪生、愛因斯坦、史懷哲等有名的人都是蔬食主義，但是體力都很好。	20分鐘	PPT

【學習方案9-2週一無肉日】 1.最近很多學校都在提倡週一無肉日，你有什麼看法？前教育部次長、現任南華大學校長林聰明大力推廣蔬食，2011的12月，獲得聯合國頒贈「永續發展英雄獎」。目前全國超過九成中小學推動無肉日，還有各級公家單位、台南市議會響應每週一天蔬食日、特有生物研究保育中心週三的蔬食日，還有蔬食餐廳和菜單，蔬食已經變成一種養生主流和風氣。 2.各大學校園也流行著蔬食風潮，一共有台大、政大、師大、中興、成大等十六所大學，超過五千名人次參觀。	5分鐘	PPT
【學習方案9-3有機三部曲】 1.我們來看看美麗蔬果所隱藏的危機。你覺得農藥洗得掉嗎？有機驗證的過程十分複雜，主要有八大項目，從土壤、水到機具，防治資材要使用像糖醋液、使用豆粕等有機肥、種子也一樣要有機的。大家可以上有機農業全球資訊網查詢有機認證單位。 2.我們是要顧經濟還是要維護生態平衡，吃有機蔬食，幫助有機農業發展，既可以守護健康，也是友善大地，和樂世界的方法。有機蔬食減碳最多，所以對地球環境比較有利。	10分鐘	PPT
【學習方案9-4志工生活】 我們都是志工，平常各有各的生活，有的還在工作，有的退休，但是我們都會用自己的時間，去推廣有機蔬食，有時候我們也會在一起，研讀經文，是一同成長的夥伴，我們也都有自己的信仰，也鼓勵大家當志工，每天都會很快樂，我們付出不求回報，今天來當志工也不拿講師費，講師費都捐出去。這是我們志工生活的分享。	8分鐘	
【統整與總結】 希望大家多吃有機蔬食，祝大家生活更快樂。	2分鐘	麥克風
評量方式	學員填寫學習回饋單。	
週間作業	完成樂活生活作業單。	
課後檢討	播放影片的方式，會讓學員想睡，影片播放時間宜縮短。 部分影片分享為英文發音，中文字幕，對長者而言較為吃力。	

注意事項	1.講師為外聘講師，課前需向福智基金會申請講座。
	2.需注意講師是否會操作電腦，現場是否需要志工協助。
	3.課後一同用餐，可以增加彼此互動。
參考資料	1.引自福智基金會樂活蔬食推廣講師簡報。
	2.約翰‧羅彬斯（1998）。《新世紀飲食》。影片連結網址http://www.youtube.com/watch?v= zVeR90YxR5o

 第五節　高齡身心靈健康促進學習方案——正向超越

正向超越主要在探求靈性健康中之自己與神的層面，共設計三堂課。

以下設計方案的場域為社區型宗教團體聚會場所，帶領者可針對不同信仰的高齡者引導。若無特定信仰之高齡者，可引導自己與上天（一般民間信仰者稱為老天爺）、與萬事萬物、或超自然力量連結的關係。本節之高齡身心靈健康促進學習方案與正向超越有關，除了學習找到重新得著力量的智慧之外，藉由彩繪和生命光碟製作，讓長者再次檢視自己面對老年生活的思考模式，感謝生命中每個曾經出現過的人事物，牧師或傳道者的見證分享，有激勵長者面對生死課題的重要性。此三單元的特性，是在活動參與中，體會到愛的能量和珍惜存在的每一天。引導者使用之教材，包括紙筆、數字版、裝水的氣球（這部分可以用簡報檔呈現即可）、照相機（或可以照相的手機）等，當活動進行到最後三個單元的時候，高齡者的感受是很深刻的，此時要更加注意長者的情緒管理，課程規劃者同時也要開始著手進行進階課程的設計，來協助長者從初階學習，到進階課程的銜接和學習的成效評估。

單元活動設計第10堂

單元名稱	生命光碟		
適用對象	55歲以上長者、一般民眾		
活動時間	50分鐘	參與人數	32人
使用教材	• 繩子2條 • A4空白紙、筆 • 數字版 • 32顆糖果 • 彩繪生命樹圖 • 樂活生活作業單 • 學員回饋單		
活動目標	1.認識自己與神的關係 2.對信仰有更深一層的瞭解 3.如何得生命中的財寶		

活動流程之內容設計	時間	活動資源或器材
【開場白】 1.老來不可缺的寶，老友、老本、……老神在在。今天要挖到寶，得到心裡的財富。 2.先體會到人生終點結局的人，往往會更想要把自己的人生過得更有意義。	2分鐘	麥克風
【學習方案10-1請跟我來】 1.先分兩組，每組1條繩子。 2.每人分一個口罩。 3.第一組協助第二組組員，第三組協助第四組組員。遊戲完再換組。 4.玩的人先戴上口罩當眼罩，順著繩子走，另一組的人要幫忙，在旁邊說「你放心，有我陪你，不要怕」。 5.當學員都走完全程，可以拿下口罩。 6.然後，到自己種的盆栽前面，摸摸它，靜靜跟它說說話，然後開口讚美它「你真棒」。	5分鐘	繩子2條

【學習方案10-2數字排序】 1.準備1～36的數字，共兩份，分成兩組，將數字放在地上，用繩子圍住範圍，限學員站在旁邊，當說開始時，學員分別數數並摸數字版，一直到喊到36為止。 2.先說明遊戲規則，第一要誠實，犯規要自己承認，第二不可以兩個人同時摸到同一張數字。 3.犯規第一次加10秒，犯規第二次加20秒，犯規第三次加30秒，以此類推。 4.要注意安全。	5分鐘	數字版
【學習方案10-3施比受更有福】 1.準備32顆糖果。一人拿一顆。 2.兩兩猜拳，輸的人就把糖果給贏的人。 3.計時1分鐘。 4.看誰拿到的糖果最多。請舉手。 5.誰手上都沒有糖果，請到前面來。 6.老師給每一個人小禮物。 7.鼓勵他們施比受更有福。	5分鐘	32顆糖果
【學習方案10-4喜樂的心乃是良藥】 1.身體病了要看醫生，要吃藥，心裡有苦，要找誰。可以信任嗎？ 2.還是你有信仰，跟神、跟佛說，怎麼說？說什麼？ 3.禱告可以這樣說： 　（基督徒）親愛的天父（天上的父親），我要感謝你，我的心裡有苦，求你幫我帶走，我的身體有病痛，求你醫治，我將一切煩惱交託給你，感謝禱告，阿們。 　（佛教徒）南無大慈大悲觀世音菩薩，祈求您幫助我，把身體的問題交給醫生，把心交給佛菩薩，讓我有勇氣面對生命中的苦痛。	5分鐘	
【學習方案10-5彩繪生命樹】 1.將彩繪生命樹圖著色。 2.寫出一生中影響自己最深的五個人和五件事。	5分鐘	彩繪生命樹圖 （參考p.217）
【學習方案10-6生命光碟】 1.播放用PPT軟體製作的生命光碟。 2.鼓勵同學製作自己的生命光碟。 3.分享PPT軟體製作光碟的方法（見備註）。	5分鐘	生命光碟

【學習方案10-7創作力大作戰】 1.先給每人紙和筆。紙上有兩個兩豎一橫的圖案。 2.請學員各畫一個植物和動物。發揮自己的創造力。	5分鐘	A4空白紙、筆
【學習方案10-8雨滴衝衝衝】 1.說明遊戲規則，雨滴不可以停住，樹不可打雨滴。 2.先兩組一起當樹，兩組當水滴，樹可以飄搖去抓水滴，水滴被抓後，要蹲下來數三秒，才能繼續前進，直到通過終點線為止。 3.要在終點線上計時。 4.要蓋房子，砍掉幾棵樹。 5.要在山上種幾顆高山菜，所以再多幾顆不動。 6.全部種檳榔樹，雨滴快速通過。	5分鐘	繩子2條
【學習方案10-9幸福圍繞著我們】 1.學員先輪流從1數到32。 2.學員們繞成一圈，從主持人開始喊1，再從右手邊開始接力喊數字2，幸福，4，5，幸福……。 3.3及3的倍數只能說「幸福」，不能說數字。 4.第二輪開始可以用「我很幸福」、「我真的很幸福」……。	3分鐘	
【統整與總結】 1.人在摸索的過程中，需要有同伴支持帶路，信仰中則有神用光照亮眼前的路。當我們對植物說好話，讚美它，疼惜它，它應該會長得很好很健康。這方法套用在人的身上，相信會幫助我們身心靈更健康。 2.我們遇到的不如意，遇到的苦難，是神給我們在人世間的功課。付出和幫助別人，是得到，今天和他人分享，明天他人也會和你分享，人生因此而快樂。當你獲得平安喜樂時，許下一個心願，成為帶領別人認識你的心靈老師的人。當你周遭的人，都獲得平安喜樂在心中時，幸福就會圍繞著你。把今天當作最後一天來過，你會發現太多要感謝的人。	5分鐘	

評量方式	活動結束後，學員填寫學習回饋單。
週間作業	1.完成樂活生活作業單。 2.準備結業典禮表演活動。
注意事項	1.台灣是宗教信仰自由的國家，帶禱告時，要經過學員的同意，並解釋禱告的用意，請學員用感恩祈福的心，一起禱告祈福。 2.課後一同用餐，可以增加彼此互動。
備註	生命光碟用PPT製作方法： 1.先新增共20頁投影片（常用／新增投影片／空白） 2.插入／圖片／插入／文字 3.（在第一頁）插入／聲音／從檔案插入聲音／點選你在桌面存好的音樂檔／確定／自動 4.將喇叭圖案移到右下角 5.動畫／每隔00:05／全部套用 6.自訂動畫／點右邊檔案中的音樂檔／右鍵／效果選項／效果／從開始／停止播放／在20張投影片之後／聲音設定／在投影片播放時隱藏聲音圖示／調整喇叭音量／確定 7.Delete在第一頁中間的喇叭 8.另存新檔／桌面／播放檔／儲存

單元活動設計第11堂

單元名稱	心靈饗宴		
適用對象	55歲以上長者、一般民眾		
活動時間	50分鐘	參與人數	32人
使用教材	• 氣球3個 • 樂活生活作業單 • 學員回饋單		
活動目標	1.認識自己與神的關係 2.對信仰有更深一層的瞭解 3.如何得生命中的財寶		
活動流程之內容設計	時間	活動資源或器材
---	---	---
【開場白】 人老了，記憶力也會跟著變差，若是你有目標，那就沒問題。有一個人說因為你太老了，所以沒辦法做年輕人的事情，但是，他不對，不是因為你沒有做年輕人的事情所以變老，你變老不是因為你的年紀才變老，而是你的心變老。	5分鐘	麥克風
【學習方案11-1左抓右逃】 遊戲方式，右手舉起來，左手放在別人的右手底下。右手要抓，左手要逃。	5分鐘	
【學習方案11-2開心的事】 1.學員分享時間，題目是「最近令你開心的事」。 2.引導員問，剛剛活動時，被抓到2次的人請舉手。 3.舉手的人分享為什麼？小組討論此遊戲致勝的方法。 4.分享人生致勝的方法。	5分鐘	
【學習方案11-3水氣球】 用燒氣球來做內心世界的比喻，先準備3個氣球，一個氣球只有吹氣，一個氣球裝一點水，一個氣球裝滿水。最後發現裝滿水的氣球是不會破的。 結語： 1.氣球的外觀看起來很漂亮，顏色也很漂亮，就像你的事業看起來很光鮮亮麗，但是這氣球一燒就破了。家庭、事業都是很難掌控的。	5分鐘	氣球3個

2.一個加了水的氣球，怎麼燒都不會破，為什麼？重點不是你的外觀，重點是你的內心、家庭、事業都是。 3.在你跌落谷底時，什麼會幫助你度過呢？ 4.人有旦夕禍福，思考一下你內心裡面的東西是什麼？ 5.有人吃得很健康且養生，拿到博士學位，卻得了癌症走了。他的財產，帶得走嗎？ 6.有一個太太，她的先生很有成就，她卻得了憂鬱症，因為她的孩子出了問題。這樣有錢但幸福嗎？ 7.那些常常說這個不能吃、那個不能吃的人，是長壽的嗎？每個人都在面對生命的挑戰，對嗎？		
【學習方案11-4香杯與臭水】 1.每個人都會生病，也會遇到困難，重要的是你會怎麼面對人生的功課。 2.再高的頭銜也不會一直擁有，最重要的還是我們內在裡面有什麼東西。 3.舉亞力山大為例，在他30幾歲正年輕的時候，他勇猛橫跨歐、亞、非三洲。但最後他兩手空空離開，那些名利也隨之消失。 4.燈塔的作用是什麼，是在指引海上的人一條路。海上可能大部分的時間都是很風平浪靜的，但是還是會有狂風暴雨的時候。我們的人生也是一樣，大多數的時候是平順的，但是面對生老病死這四大課題時，人生的燈塔在哪裡？你的信仰是否帶領你走出狂風暴雨，而得平安。 5.不管人生這條路是多麼的崎嶇，也不管人生苦難的風浪是多麼的不可預測，但是祂（神）在掌我的舵，引我走前面的道路，那才是一種真正的釋放與交託。 6.一個杯子裡面裝的水是香的還是臭的，當你搖一搖它，香的不會變臭的，臭的也不會變成香的，這個搖的動作只會讓你裡面裝的味道散發出來的更明顯。這個搖一搖的動作，就像是一個苦難來到你的面前，一搖的時候，你所散發出來的味道是香的還是臭的呢？	10分鐘	

【學習方案11-5唱詩歌】 唱詩歌：〈有福氣的人〉（台語詩歌）（見備註一）。 唱讚頌：〈幸福時刻〉（福智讚頌音樂）（見備註二）。	5分鐘	
【學習方案11-6祈福感恩時間】 1.煩惱箱交給引導者，讓學員知道他們的煩惱，正有人在為他們禱告，使一切平安喜樂加添在他們身上，讓他們同享恩典。 2.飯前禱告的意義是什麼？除了感恩創造萬物的神，賜予我們日用飲食，也感恩製造食物的人的辛勞，並可以同時為我們想要禱告的事情祈求祝福，飯前禱告是很棒的習慣。	10分鐘	
【統整與總結】 今天我們認識了創造自然萬物的神，不論你的信仰是什麼，我們都相信有一位神，在我們需要他的時候，他都會在我們身邊保護我們，幫助我們。我們身邊常常出現天使，就是我們常說的貴人，是因為我們也曾經是別人的天使。希望同學們都能變成別人的貴人，別人的天使，讓這個世界變得更好，讓靈性健康的追求，不再那麼模糊不清，而是用我們這幾堂課所學到的和所聽到的，去瞭解自己要如何提升自己身心靈的健康。	5分鐘	麥克風
評量方式	活動結束後，學員填寫學習回饋單。	
週間作業	完成樂活生活作業單。	
課後檢討	11-3水氣球活動，要先做測試。	
注意事項	課後一同用餐，可以增加彼此互動。	
備註一	〈有福氣的人〉 耶穌疼咱世間人，祂將天裡福氣帶互咱， 犧牲生命來世間，將咱重擔釋放； 因為祂的大痛疼，贏過世間的苦難， 你若伸手互祂牽，就有平安與盼望。 信祂的就是有福氣的人，這款機會豈可放， 事事項項有祂幫助，心內苦痛變輕鬆， 信祂的就是有福氣的人，這款機會不可放， 歡歡喜喜佇主內面，享受快樂一世人。	

備註二	〈幸福時刻〉
	晨光初照 迎接燦爛的這一刻，金色陽光 溫柔地照進我的窗
	嫩綠的草 捧著晶瑩的露珠，妍麗的花 吐出聖潔的幽香
	有你的守候 給我前行的希望。
	有你的陪伴 給我永恆的力量，有你在身邊 讓我充滿歡樂
	有你在心上 讓我自由地飛翔，幸福的這一刻終於來到，告別風雨飄搖的時光
	歡樂的這首歌由我來唱，傳頌祝福的歌聲到遠方
	當我遇見你 締造出人世的奇跡，
	當我奔向你 重現生命的美麗，我將珍惜你 千生萬世永不相離
	我將成為你 一起心跳和呼吸，有你的守候 給我前行的希望
	有你的陪伴 給我永恆的力量，有你在身邊 讓我充滿歡樂
	有你在心上 讓我自由地飛翔，
	幸福的這一刻終於來到，告別風雨飄搖的時光
	歡樂的這首歌由我來唱，傳頌祝福的歌聲到遠方，
	當我遇見你 締造出人世的奇跡，
	當我奔向你 重現生命的美麗，我將永遠追隨你 生生相約終不捨離
	我將成為你 一起心跳和呼吸，
	繽紛浪漫的花朵 瞬間在心中綻放，
	洋溢幸福的花香，
	幸福的人回到心靈的故鄉 回到你身旁
	幸福的我回到心靈的故鄉 回到你身旁
	福智讚頌集目錄http://www.theqi.com/buddhism/lyric.html

單元活動設計第12堂

單元名稱	心靈花園		
適用對象	55歲以上長者、一般民眾		
活動時間	50分鐘	參與人數	32人
使用教材	• 樂活生活作業單 • 學員回饋單 • 照相機		
活動目標	1.認識自己與神的關係 2.對信仰有更深一層的瞭解 3.如何得生命中的財寶		
活動流程之內容設計		時間	活動資源或器材
【開場白】 今天的主題是心靈花園。		3分鐘	麥克風
【學習方案12-1幸福的記憶】 今天要與學員一起拍合照，留下幸福的記憶。		2分鐘	照相機
【學習方案12-2大西瓜和小西瓜】 1.現在我們先來做一件事情，先來玩一個小小的遊戲，假如我跟你講說大西瓜，你就要講小西瓜，但是手要比大西瓜；我跟你說小西瓜，你就要說大西瓜，但是手要比小西瓜。試看看。 引導員：小西瓜 大家：大西瓜 引導員：小西瓜 大家：大西瓜 引導員：大西瓜 大家：小西瓜 2.現在，換你來發這個命令，然後第一個人對第二個人，第二個人對第三個人，這樣輪下去，讓每一個人都有機會玩到。		3分鐘	
【學習方案12-3耶和華祝福滿滿】 唱詩歌：〈耶和華祝福滿滿〉（見備註）。 結語： 耶和華的祝福滿滿，就是神的祝福像海邊的沙一樣，海邊沙灘的沙多到數不清，意思就是神的恩典多到數不清。		2分鐘	

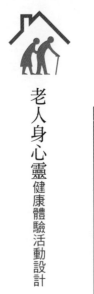

【學習方案12-4記憶訓練】 1.引導員：剛才那個大西瓜小西瓜還可以嗎？會 　有一點會意不過來，人家講大西瓜，你要講小 　西瓜，但是動作要相反。 2.引導員：玩大西瓜小西瓜的遊戲，就可以知道 　你到某個年紀的時候，你的反應是不是那麼靈 　活。 3.請大家再試一次，看你旁邊有沒有做對。 4.做錯了就要起來分享最近感恩的事情。 　引導員：大西瓜 　大家：小西瓜 　引導員：提醒大家手要對腳 　引導員：大西瓜 　大家：小西瓜 　引導員：小西瓜 　大家：大西瓜 　引導員：大西瓜 　大家：小西瓜 　引導員：小西瓜 　大家：大西瓜	5分鐘	
【學習方案12-5不會爆炸的氣球】 請問誰可以跟我們分享一下上禮拜講了什麼？ 請學員分享。 結語： 1.氣球就像人有旦夕禍福一樣。 2.請問意外跟明天哪一個先來？有時候是意外先 　來，不要以為是明天先來，路上聽到救護車來 　的時候，有車禍發生了。被撞的那個人，他昨 　天睡覺的時候，不會知道今天會發生車禍。可 　能今天你遇到，明天他遇到，後天我遇到，都 　有可能遇到，但是你裡面有什麼東西，來幫助 　你走過困難。 3.銀行存款多，子孫滿堂，可是有些問題，擁有 　錢都沒有用處。	5分鐘	

4.舉一個國王的故事來說明人生有盼望是有福的。有一個國王很威風，擁有很多百姓和臣民，國王很累的時候，他就會叫小丑來搞笑給他歡樂。有一天，國王生病了，又叫小丑來跟他搞笑。		
5.國王喜歡說：小丑你很笨，然後表演完就給他一個假皇冠，並且捉弄他、取笑他。		
6.有一天國王勞累過度快要死掉了，又叫小丑來搞笑，小丑就對國王說：國王你現在快死了。於是小丑就把那個很笨的假皇冠，掛在國王的頭上，並且說：看來你更笨。因為當你氣斷了之後要去哪裡你都不知道？因為國王什麼都有，就是沒有對將來的盼望（就是將來你會回歸到哪裡）。		
【學習方案12-6角度】 1.有些問題不換個角度想，永遠也想不出答案來。 2.我們過去看的東西，不見得都是對的，因為用不同的角度去看，結果也會不一樣。這是心態跟態度的問題 3.我們來想想，過去幾十年都用同一個角度來看，而不願意用新的角度來看。 4.傍晚的時候，阿嬤在樓下等孫子下課回來，阿嬤叫孫子去吃蘋果，孫子卻說：我不要，因為家裡的蘋果沒有星星，學校的都有。阿嬤疑惑的說：我吃那麼久的蘋果，還沒吃過，蘋果有星星。楊桃沒有切就是星星的樣子，蘋果切的方式不一樣，就會看到星星，都是一樣的東西，而你看他的角度不一樣，結果就不一樣。 5.我們過去50年，都是這樣子，那今天我們可不可以換一個新的角度來看，也許可以將一樣的問題，看到不一樣的答案，就像看風景從不同的角度，可以看到不一樣的景色。	5分鐘	PPT

【學習方案12-7我的信仰】 引導員自己的信仰之路的分享。以下為基督徒的信仰分享： 結語： 1.相信依靠神，你當依靠耶和華行善，以他的信實為依靠，他要將你所信所求賜給你，當將你的事交託、並依靠他，他就必成全。 2.所謂生命的饗宴，是神要給你豐富的生命，我們不是要能活多久，而是要活得快樂，有盼望。 3.雖然我們受苦，雖然我們受難，但是我們有喜樂。基督徒也會感冒，基督徒也會遭遇不測，基督徒並不是都很順遂。 4.這個氣球跟那個氣球，一樣都遇到火，一個碰就沒了，一個還在那裡，你是哪一個氣球。 5.願你的榮耀向子孫顯明。生命很短，若是能使我們的子孫蒙福的，就去做吧！ 6.生命是很短的，但是要做對的事。去坐車，不要搭錯車。我們是不是走在對的路上，我們是不是坐上對的車，生命是否活出美好的意義，彰顯神的榮耀，行在主的旨意，凡事都能做，人生有盼望。 7.今天開始，為自己找到真正的信仰，得到恩典，為自己的人生做一件有意義的事。	5分鐘	
【學習方案12-8人生真理】 有些人講四大皆空，全部都是空，這是一種生命的態度，他說出了真理的一部分，其實有很多東西都有真理的，因為地心引力，我們站立，在地球上的任何地方都一樣，可是在月球就不一樣，就會在外面飄。永恆不滅的真理，不論到哪裡都不會改變。	5分鐘	PPT
【學習方案12-9信心與信仰】 1.引導員說一個摩西的故事。 2.有一個人叫摩西，他到年紀120歲的時候，他說：「主啊！你世世代代作我們的居所，從亙古到永遠你是神。這一切從很久很久以前就已經有了，我知道你是神，你使人歸於塵土，你們世人要歸回，在那千年如已過的昨日，如夜	10分鐘	

間的一更，你叫他們如水沖去，他們便睡覺，他們如生長的草，早晨發芽生長，晚上擱下。我們因你的怒氣消滅，因你的憤怒而驚慌，你將我們的罪孽擺在你面前，將我們的隱惡擺在你的面光，我們經過的日子，都在你的憤怒之下，我們度盡的年歲好像一聲嘆息。我們一生的年日是70歲，若是強壯可到80歲，但其中所經誇的，不過是勞苦轉眼成空，我們便如飛而去，誰曉得你怒氣的詮釋，誰按著你該受的敬畏，曉得你的憤怒呢？求你指教我們怎樣數算自己的日子，好叫我們得著智慧的心，耶和華，我們要等到幾時，求您使我們早早飽得你的慈愛，好叫我們一生一世歡呼喜樂，求你照著你使我們受苦的日子，我們遭難的年歲叫我們喜樂，願你的作為向你的僕人顯現，願你的榮耀向他們的子孫顯明，願主我們的神的榮美歸與我們身上，願你堅定我們所做的工，我們所做的工被你建立」（摘自聖經）。 3.他曾經是埃及的王，之後去逃難，當牧羊人，後來出埃及。他說我們一生年歲到70歲，強壯到80，而現代的我們也是這樣。我們其中所經過的都是勞苦愁煩，轉眼經過，我們便如飛而去，我們一生是非常的短暫。請你教我們怎樣數算日子，讓我們得到智慧的心。我們可能需要很好的住宅，我們可能需要很好的食物，可是更需要的是一個智慧的心，請你早早讓我們飽得你的慈愛，讓我們一生一世歡呼喜樂，這跟和尚講的一樣，就是看破了。雖然我們都有受苦的日子，我們年輕的時候，都受過很多的苦，和我們遭難的年歲，我們也有癌症，也有一些身體不舒服，也有一些軟弱，讓我們的子孫們可以看出你的榮耀，從子孫們可以得到安慰，願神的榮美歸在我們身上，雖然我們年紀大了，可是我們還是有榮美，還是很有氣質，還是很有風範，還是有光亮、光彩。願你堅固我們手做的工，我們手做的工被你建立，我們一輩子辛辛苦苦所做的，不會歸於一旦。		

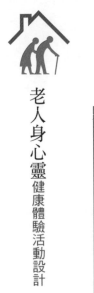

4.兩個很不一樣的態度，一樣是看一個生命，一樣是走過70或80年，100年，可是很不一樣的生活，很不一樣的態度。詩篇90篇講到我們生命是很脆弱的，好像草一樣。我認識一個人，他走路，車子不小心撞到他，他撞到後視鏡，撞一下就結束了。我們看到SARS來的時候，大家嚇得要命，我們生命是非常非常的脆弱。 5.生命是非常短的，神卻是永恆的，我們人像塵土一樣。 6.不要把這世界當成是老家，這裡只是一個客店而已，我們有一個屬靈的家。 7.馬路白線4個月要重刷，龍捲風10分鐘，整個城市就完蛋，人的壽命平均是25,550天。明天怎麼樣，我們不知道，你的生命怎麼樣，好像是一片雲霧，生命是很短暫的。 結論： 所以我們要珍惜當下。以前他們從埃及進到一個很美很美的地方，叫做迦南地，本來兩個禮拜可以到，他們卻在曠野走了40年，因為他們不相信神，所以，追求信仰的你，第一個要相信神，第二個要相信神是愛你的，神是要來幫助你的。因為他們不相信，所以他們就在曠野走了40年。		
【統整與總結】 今天，我們要學習愛跟關懷的付出，做生命的分享。有一本書是《生命的答案，水知道》，現代科學已經證明，智慧的心，智慧的源頭在哪裡。耶和華是智慧的開端，從聖經裡面可以找到很多的答案。以後的盼望（聖經裡所說的）如果知道死後要去哪裡，現在就知道要做些什麼了，祝福大家。	5分鐘	
評量方式	活動結束後，學員填寫學習回饋單。	
課後檢討	聖經中的話語，需要多一些時間的詮釋，可以預先說明，這些字句需要進一步解釋。	

注意事項	1.課後一同用餐,可以增加彼此互動。
	2.第12單元為引導員講課逐字稿,信仰見證分享因人而異。若是佛教徒的話,亦是透過信仰找到生命的終極目標和依靠,可以使用佛教中的業果法則及無限生命的道果引導思惟自己的暇滿人生,珍惜現在所擁有的,努力行善,讓未來的生命更圓滿。
參考資料	聖經和合本
備註	〈耶和華祝福滿滿〉 田中的白鷺鷥,無欠缺過什麼。 山頂的百合花,春天現香味。 總是全能的上帝每日賞賜真福氣, 使地上發芽結實,顯出愛疼的根據。 耶和華祝福滿滿,親像海邊的土沙, 恩典慈愛直到萬世代。 我要舉手敬拜他,出歡喜的歌聲, 讚美稱頌祂名永不息。

Chapter 5

亞健康及失能高齡者身心靈健康體驗活動設計

第一節　高齡音樂律動體操活動方案設計

第二節　高齡藝術輔助療法活動方案設計

第三節　高齡園藝輔助療法活動方案設計

第一節　高齡音樂律動體操活動方案設計

　　本活動方案設計以音樂結合律動體操，設計高齡音樂律動體操，期許此學習活動，能幫助高齡者以及行動不便者互動，提升其體適能活動之參與意願，增進高齡者身心靈健康為目標。高齡活動設計原則和技巧：本活動方案設計之目的，著重探討高齡活動設計理念和技巧，以及活動設計之注意事項，以高齡音樂律動養生體操為每日運動，讓長者享有幸福健康的銀髮生活。音樂是可以影響健康的，其中包括音律或音頻，音強，音色或音質，音程及節奏與拍子，可以將壓力轉換，誘發參與者愉悅的感覺（曾月霞等譯，2004）。

　　本活動設計概念包括高齡活動特性、設計原則、帶領原則與技巧，是老人團體活動設計之工作實務中之重要概念（陳美蘭，2014；游麗裡、張美淑，2010；莊秀美，2003）。因全球社會人口高齡化，在規律長期的練習提升身體健康維持老年生活品質的目標為依歸，達到幫助高齡者維持身體機能、身體肌肉耐力、關節柔軟度、平衡感的目的，設計不使老人勞累且安全容易操作、有益健康的運動（呂碧琴、蔡秀華，2011）。老人活動設計需注意參加人數、活動時間、學習環境的舒適度與便利性、活動使用語言（劉黃麗娟、錢桂玉、劉怡廷、葉國芳、余良玲，2000）。

　　設計示範高齡音樂律動體操示例，包括動作設計結合音樂，歌曲為朗朗上口的〈一串心〉，加上十巧手、五十肩運動、擴胸運動及互動所設計之音樂律動養生體操。依照動作分析說明和示範律動體操之進行方式。不論年齡、健康、宗教或教育程度，每個人都能因為做運動而獲益，使得身心靈取得平衡。配合呼吸及伸展做運

動，增加肌肉張力及耐受力，可以達到外控及內控的最佳運動效能。

本活動方案設計，可以實施在一般老人服務中心、樂齡學習中心、讀書會健康體適能活動之外，亦可推廣至安養護機構，協助行動不便之住民休閒學習課程使用，也可辦在各項鄰里民中心舉辦之活動開場用，既可以提高長者對學習的參與意願和參與率，對高齡學習者具有正面的身心靈健康提升作用。

本活動方案設計分成簡易版和進階版，示範說明如下。可以配合活動現場卡拉OK播放之音樂，更改間奏部分動作。配合課程帶動或大型表演現場場地，以及參加者的行動便利狀況，可以站立或坐在座位上練習皆可。練習前依照每一段歌詞，配合動作說明及老師現場示範教學，參與者可以輕鬆記住動作。因此簡易版之音樂律動養生體操，在實務操作上，比較容易學，對長者而言，也比較沒有學習上的壓力（**表**5-1）。

本活動方案設計之進階版，健康操動作運用技巧包括預防老化暖身操、預防五十肩操、拍打功、擴胸運動、養生瑜伽動作、十巧手、排便M字形運動、舞蹈動作。進階版之動作適合喜歡挑戰高難度的參與者，但是挫敗感相對提高很多。建議在練習進階班動作之前，先練習過簡易版動作，並熟悉歌曲旋律後再進行。進階版動作如**表**5-2所示。

高齡音樂律動體操活動方案，適結合音樂和健康操一起執行的活動，對長者而言，是一項增進互動、提高活動參與率的方案。律動可以增進對機構住民、行動不便之身障者、行動緩慢之高齡長者之活動能力提升，結合音樂及各項健康操概念執行律動體操，必能幫助高齡者身心靈健康之提升。

表5-1　音樂律動體操：一串心（簡易版）

No.	歌詞	健康操動作
1	前奏一二三四五六七八	划船（向右）划船（向左）
2	前奏二二三四五六七八	划船（向右）划船（向左）
3	天上星星數不清	五十肩畫圓（右）
4	個個都是我的夢	五十肩畫圓（左）
5	縱然有幾片雲飄過	梳頭（右）
6	遮不住閃亮亮的情	梳頭（左）
7	心串串、心怦怦、臉而紅	手向左邊、手向右邊（手放耳邊）擴胸
8	都是為了你	手伸直向上（配合深呼吸）
9	是你到我的夢裡來	雙手滾輪向內
10	還是要我走出夢中	雙手滾輪向外
11	啦啦啦啦啦　啦啦啦啦啦	雙手抱後腦勺（點右、點左）
12	啦啦啦啦啦啦啦～	雙手抱後腦勺（點右、點左）
13	間奏一二三四五六七八	划船（向右）划船（向左）
14	間奏二二三四五六七八	划船（向右）划船（向左）
15	池裡浮萍數不清	五十肩畫圓（右）
16	片片都是我的夢	五十肩畫圓（左）
17	縱然有幾陣風吹過	梳頭（右）
18	拂不去濃又密的情	梳頭（左）
19	心串串、心怦怦、臉而紅	手向左邊、手向右邊（手放耳邊）擴胸
20	都是為了你	手伸直向上（配合深呼吸）
21	盼你的心和我連成一串	和右邊的人用手串成一個心
22	一生一世不分離	和左邊的人用手串成一個心
23	間奏一二三四五六七八	向左右的人問安（平安、你好）
24	間奏二二三四五六七八	向左右的人問安（平安、你好）
25	間奏三二三四五六七八	向左右的人問安（平安、你好）
26	間奏四二三四五六七八	向左右的人問安（平安、你好）
27	心串串、心怦怦、臉而紅	手向左邊、手向右邊（手放耳邊）擴胸
28	都是為了你	手伸直向前
29	是你到我的夢裡來	雙手滾輪向內
30	還是要我走出夢中	雙手滾輪向外
31	啦啦啦啦啦　啦啦啦啦啦	自己雙手呈心型，搖動
32	啦啦啦啦啦啦啦～	自己雙手呈心型，搖動

表5-2　音樂律動體操：一串心（進階版）

No.	歌詞	健康操動作	運用技巧
1	前奏一二三四	準備	
2	前奏二二三四	（暖身）手部轉	預防老化暖身操
3	前奏三二三四	（暖身）五十肩畫圓（右）	預防五十肩
4	前奏四二三四	（暖身）五十肩畫圓（左）	預防五十肩
5	天上星星數不清	拍肩	預防老化暖身操
6	個個都是我的夢	梳頭	預防老化暖身操
7	縱然有幾陣風吹過	甩手（開關）	預防老化暖身操
8	遮不住閃亮亮的情	遮眼	拍打功
9	心串串、心怦怦、臉而紅	手向左邊、手向右邊（手放耳邊）擴胸	擴胸
10	都是為了你	手伸直向上（配合深呼吸）	瑜伽
11	是你到我的夢裡來	右握拳打左手心	十巧手1
12	還是要我走出夢中	左握拳打手右心	十巧手2
13	啦啦啦啦啦	雙手抱後腦勺、點右、點左	擴胸
14	啦啦啦啦啦	雙手抱後腦勺、點右、點左	擴胸
15	啦啦啦啦啦啦啦～	雙手互搓	瑜伽
16	間奏一二三四	雙手小指側互敲	十巧手3
17	間奏二二三四	同上	十巧手3
18	間奏三二三四	雙手食指側互敲	十巧手4
19	間奏四二三四	同上	十巧手4
20	池裡浮萍數不清	搖屁股	瑜伽
21	片片都是我的夢	拍肚子	排便M字形運動
22	縱然有幾陣風吹過	拍腿	拍打功
23	拂不去濃又密的情	拍腿	拍打功
24	心串串、心怦怦、臉而紅	手向左邊、手向右邊、（手放耳邊）擴胸	擴胸
25	都是為了你	手伸直向上（配合深呼吸）	瑜伽
26	盼你的心和我連成一串	拍手肌（右）拍手肌（左）	拍打功
27	一生一世不分離	虎口互敲	十巧手5
28	間奏一二三四	雙手小指側互敲	十巧手3

（續）表5-2　音樂律動體操：一串心（進階版）

29	間奏二二三四	同上	十巧手3
30	間奏三二三四	雙手食指側互敲	十巧手4
31	間奏四二三四	同上	十巧手4
32	間奏一二三四	雙手小指側互敲	十巧手3
33	間奏二二三四	同上	十巧手3
34	間奏三二三四	雙手食指側互敲	十巧手4
35	間奏四二三四	同上	十巧手4
36	心串串、心怦怦、臉而紅	揮手	休息
37	都是為了你	揮手	休息
38	是你到我的夢裡來	右握拳打左手心	十巧手1
39	還是要我走出夢中	左握拳打手右心	十巧手2
40	啦啦啦啦啦	雙手抱後腦勺、點右、點左	擴胸
41	啦啦啦啦啦	雙手抱後腦勺、點右、點左	擴胸
42	啦啦啦啦啦啦啦～	雙手互搓	瑜伽
43	間奏一二三四	雙手小指側互敲	十巧手3
44	間奏二二三四	同上	十巧手3
45	間奏三二三四	雙手食指側互敲	十巧手4
46	間奏四二三四	同上	十巧手4
47	心串串、心怦怦、臉而紅	手向左邊、手向右邊（手放耳邊）擴胸	擴胸
48	都是為了你	手伸直向上（配合深呼吸）	瑜伽
49	是你到我的夢裡來	右握拳打左手心	十巧手1
50	還是要我走出夢中	左握拳打手右心	十巧手2
51	間奏一二三四	雙手小指側互敲	十巧手3
52	間奏二二三四	同上	十巧手3
53	間奏三二三四	雙手食指側互敲	十巧手4
54	間奏四二三四	同上	十巧手4
55	重複尾奏至結束	肩並肩	結束
	向觀眾敬禮謝幕（揮手）		

音樂律動操動作分解

歌詞	前奏一二三四五六七八	歌詞	天上星星數不清
動作	划船（向右）划船（向左）	動作	五十肩畫圓（右）

五十肩畫圓分解1　　　五十肩畫圓分解2　　　五十肩畫圓分解3

歌詞	縱然有幾片雲飄過	歌詞	心串串
動作	梳頭（右）	動作	手向左邊

亞健康及失能高齡者身心靈健康體驗活動設計

歌詞 心怦怦	歌詞 臉而紅
動作 手向右邊	動作 （手放耳邊）擴胸
歌詞 都是為了你	（臉而紅背面動作）雙手抱後腦勺
動作 手伸直向上（配合深呼吸）	
歌詞 是你到我的夢裡來	歌詞 還是要我走出夢中
動作 雙手滾輪向內	動作 雙手滾輪向外

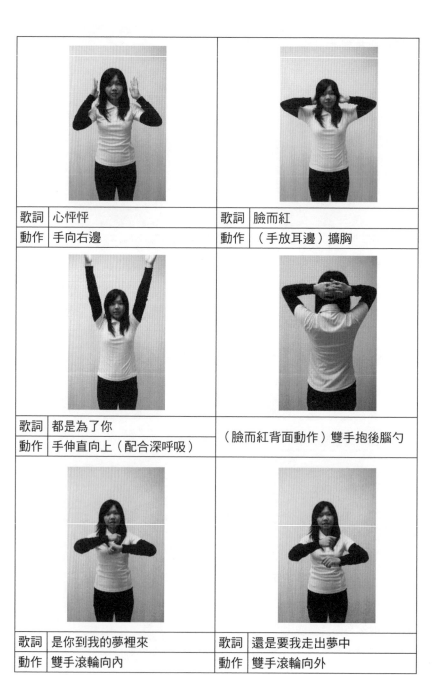

歌詞	啦啦啦啦啦	歌詞	啦啦啦啦啦
動作	雙手抱後腦勺（點右）	動作	雙手抱後腦勺（點左）

歌詞	盼你的心和我連成一串	歌詞	一生一世不分離
動作	和右邊的人用手串成一個心	動作	和左邊的人用手串成一個心

歌詞	間奏一二三四五六七八	歌詞	啦啦啦啦啦　啦啦啦啦啦
動作	向左右的人問安（平安、你好）	動作	自己雙手呈心型，搖動

第二節　高齡藝術輔助療法活動方案設計

　　藝術輔療讓人有自由表達自我的機會，有助於情緒的穩定（渡部典子，2013）。人生有目標，比較不會憂鬱。應用美術作為心理探索的模式，是藉由各種藝術活動促進心理健康的輔助療法。創作是互動的，參與者藉由美術，專注於他者，藉由學習累積思考力，因著經驗累積產生判斷力。美術的各個層面都有其作用，利用圖畫的引導，不但能夠促進內心的活動，也會創出人類的活力（許邐灣譯，1999）。Miller在生命教育領域研究中，也發現藝術能夠讓人有創造性的思考，從中學習解決問題的思考能力。不論在社區或是學校，都非常需要藝術去激勵學生（張淑美譯，2009）。以下示範兩種易學的彩繪活動，一種是蝶古巴特創意拼貼彩繪，另一種是創作彩繪。

一、蝶古巴特創意拼貼彩繪

　　「蝶古巴特」（Decoupage）為義式拼貼美學藝術，Decoupage在法文上，也有「剪裁」之意。用專業紙或餐巾紙的圖案來拼貼創作，舉凡木器、鐵器、玻璃、布等各式材質，都可以作為蝶古巴特的坯體來創作。材料包括坯體（主要為木器）、餐巾紙、拼貼膠、保護漆、筆刷、壓克力顏料、水盒等。

　　創作之理念，來自簡約實用的坯體木器杯墊、餐巾紙之選擇，以花為主題，讓人有愉悅感的春天氣息。壓克力顏料之選擇，以米色或白色為底色。

1.創作品名稱：春之舞杯墊

2.主要工具：筆刷、海綿棒、小剪刀、磨砂紙、水盒。

3.使用材料：坏體（主要為木器）、壓克力顏料、餐巾紙、拼貼膠、保護漆。

4.做法示範：

　①將木器以磨砂紙磨好，先用粗面磨，再用細面磨。

　②木器上先塗一些水，再用海綿棒或筆刷，以白色壓克力顏料，塗在磨好的木器上。筆刷要立刻放在水盒中，避免太乾不好清洗。

　③乾後，再塗一次。等乾。

　④餐巾紙圖案用小剪刀剪出要的圖形。

　⑤餐巾紙有三層，以最上層有圖案的一面向上，撕下。

　⑥木器塗上拼貼膠，立刻將剛剛撕下的餐巾紙黏上，避免有空氣，要用手輕拍去除空氣。

　⑦待空氣去除後，塗上拼貼膠，等乾或吹乾。塗上保護漆，等乾或吹乾。

5.進階創作學習：

　(1)主要工具：筆刷、海綿棒、小剪刀、水盒。

　(2)使用材料：輕黏土、坏體（主要為木器）、壓克力顏料（白色和紅色）、保護漆。

　(3)做法示範：

　　①輕黏土做成七個小水滴，第一個水滴當花心，三個當內層花瓣，三個當外層花瓣。

　　②黏好後，將底剪平，等乾。

　　③塗上混色後呈現粉紅色系的色彩在花瓣上，等乾。再補

一次色彩，等乾。

④塗上保護漆，等乾或吹乾。滴一滴蠟，黏在木器上。

⑤可以再做一或兩朵僅有內層的花，步驟如上。

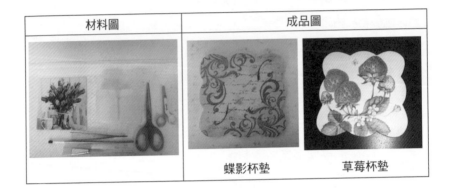

材料圖	成品圖	
	蝶影杯墊	草莓杯墊

手做麵包花示範：

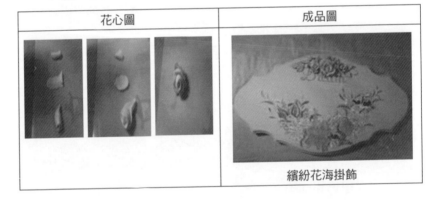

花心圖	成品圖
	繽紛花海掛飾

二、創作彩繪

創作之理念，來自實用有紀念價值的信籤，以花為主題，讓人有欣喜的夏日氣息。壓克力顏料之選擇，主要以紅色、白色、綠色、黃色。

1.創作品名稱：夏之舞信籤（或夏之舞掛飾）、香草熊。

2.主要工具：平筆、水盒。

3.使用材料：信籤、壓克力顏料、保護漆、原圖、複寫紙、描圖紙、描圖筆、簽字筆。

4.做法示範：

　①將原圖以簽字筆描在描圖紙上。

　②以複寫紙、描圖紙、描圖筆，描圖在信籤上（或木器上）。

　③先用紅色、白色混合畫花瓣，再綠色、黃色混合畫葉子，然後以綠色接上莖。

　④塗上保護漆，等乾或吹乾。

　⑤建議彩繪參與者，將信籤寄給一位想要感恩或感謝的人。

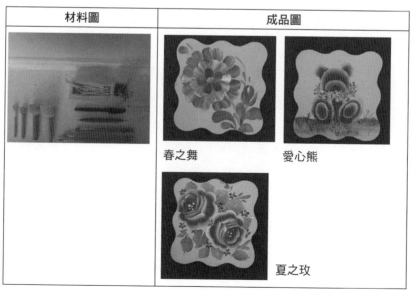

材料圖	成品圖
	春之舞　　　愛心熊
	夏之玫

以上彩繪拼貼作品由許詩好老師提供。Email：kelly6006819@gmail.com

第三節　高齡園藝輔助療法活動方案設計

　　歐美國家發展多年的輔助療法，在台灣也日漸受到重視，環境教育介入後，高齡者轉化學習並內化成為生活方式的課程設計並不常見。縣市政府多年來開辦了許多高齡學習課程，多數以高齡休閒娛樂學習為主，提供長者上、下學期課程。但隨著社會變遷及人口老化，高齡者環境素養的提升也日漸受到重視，因此，設計一套導入提升環境素養的體驗教學，並整合身心靈健康的課程，是新世紀的活動方案規劃課題，目標在幫助長者在轉化學習中，感受並瞭解自然與個人的關聯性，以及生態保育對生活環境的重要性。從高齡者全人整體健康學習方案中，介入環境素養提升元素，課程包括樂活蔬食、樂活心環保情、環境安全與食品安全、園藝輔療和生態環境一日遊等中介課程，目的在提升參與者的環境行動、環境責任感，協助長者體會環境素養與靈性健康之關聯性。

一、園藝輔療活動方案設計理論基礎

　　以下就環境素養、環境教育、環教課程設計來探討園藝輔療活動方案設計理論基礎，並就園藝輔療活動課程的課程內容和課程目標，來瞭解如何規劃與提升環境素養的活動方案設計。

(一)環境素養

　　Roth（1992）提出環境素養的定義，認為個人具備環境相關之知識及態度，並具備解決環境問題的意願與行動，維持自然與人類間之平衡。環境素養的六大面向是覺知、態度、價值觀、知識、技

能、行為（劉潔心、邱詩揚、晏涵文、潘瓊如、彭嘉玉、李恆華，2003）。環境素養變項對戶外教學影響的研究，可以分成認知領域、情意領域及保育行為意願領域（盧子華、許承先，2011）。由此可知環境素養的提升，必須與環境相關之覺知、態度、價值觀、知識、技能、行為有關。

(二)環境教育

證嚴法師（2006）提到疼惜地球的思考和行動，也說明了生態環境保護永續發展的重要性。環境素養的變項包括了認知、技能、情意、行為，再歸納為認知、情意及保育行為。環境教育的目標是為了培育具有環境素養的公民，而環境素養較高的人，對生態環境保育意識較高（盧子華等，2011）。如何維持生態永續平衡發展，以及如何兼顧經濟發展與自然環境維護，可以藉由環境認知及環境素養提升，生態導覽的導入，培養具有環境素養的公民（郎亞琴、雷文谷、張森源，2011）。環境素養的六大面向是覺知、態度、價值觀、知識、技能、行為，實施環境教育應多著重行動技巧的執行，配合多元教學方法與活動策略，協助學習者於日常生活中落實環境行動，達到永續發展的目標（劉潔心等，2003）。由以上文獻可知，由環境素養的六大面向導入環境教育學習，是影響環境素養提升之重要因素。

(三)環教課程設計

聯合國在第一次世界性的國際環境會議中指出，環境教育是以科際整合的方式，教導公民簡單的步驟，在能力範圍內管理及控制環境（UNESCO, 1972）。而聯合國教科文組織（UNESCO）在

1977年Tbilisi宣言中，說明環境教育是一種過程，個人瞭解其與社會群體在環境中的交互作用，得到環境知識、技能和價值觀，進而行動解決環境問題（高思明，2003；UNESCO, 1978）。教育部（2001）於九十學年度，於九年一貫課程中，也明定環境教育為六大議題之一。

環境課程有助於提升學生的行動力和責任感，自然體驗的學習過程還應包括理性、感性和靈性。鼓勵學習者以樂觀的態度來學習環境素養的提升。運用環境議題學習五面向，包括認知、情感、終極關懷、培力與行動，除了提升對環境的感受力之外，亦可喚起學習者對環境的情感，觸及深層的心靈探索及省思，定義自己生命的意義，引發責任感並付諸行動。運用戶外教學的方式來認識及感受自然生態之美，講師在授課中對環境所流露的愛與行動，有助於學生提升對環境的希望（許世璋、高思明，2009）。在課程中以戶外解說、參訪及生態遊戲來提升學習者環境知識、環境敏感度、環境態度、環境內控觀及環境行動，（許世璋、徐家凡，2012）。音樂輔療導入課程規劃及環境設計，對學習有正向的影響。豐富的綠化及音樂環境也會影響行為跟行動，藝術與人文與生態連結，其終極目標都在提升環境素養（董貞吟、宋慧娟、劉珮吟、張家儒，2007）。

環教首重態度，引導重新思考並建立有系統的知行合一課程以提升環境素養。藉由閱讀討論及服務學習貫通一體，取代傳統的單向無互動的導入課程，可以教導學習者展開環境關愛行動（梁家祺，2011）。藉由戶外教學，學員專注於自然導覽之中，重新連結起自己與土地的關係，也在生活中培養環境素養及態度，並實踐於日常生活中（任孟淵、許世璋，2007）。由以上文獻可知，藉由自

然體驗等活動，可以提升參與者的環境行動（許世璋等，2009），整體課程規劃在於培育學習者正向態度。

二、園藝輔療活動課程設計實例

本銀髮族環教課程命名為「樂活新生活課程」，課程目標除了可以幫助高齡者活得老又健康之外，期能幫助長者提升其環境素養。本課程規劃可以應用在各老人教育場域，透過單元設計或導入課程整體規劃的一部分，是提高參與率的休閒學習課程之一。

(一)課程內容

◆第1堂是「樂活蔬食」

「樂活蔬食」課程邀請到福智基金會和慈心有機農業發展基金會的講師群和里仁的志工們，來和大家分享「樂活蔬食」這個主題。透過樂活蔬食的課，講師用影片分享「新世紀飲食」，鼓勵大家養成蔬食飲食習慣。講師也以角色扮演及講故事的方式，讓學員深刻感受到環境生態保育與個人之間的關聯性。也鼓勵學生學習關心動物生命，漸漸就會開始關心同儕。課程進行中，慈心的志工也帶著大家做蔬食，學員們跟志工做，也藉此機會讓志工的愛心及行動力，影響著高齡的學員。講師介紹福智的理念，就是讓大家除了重視吃的健康，也要讓心靈也健康。福智基金會重視人格教育，讓大家學習助人為快樂之本，瞭解生命是有意義且有價值的，鼓勵大家一起支持慈心有機農業發展基金會推廣的有機蔬食，參與福智基金會推廣的心靈成長課程。

◆第2堂是「樂活心‧環保情」

　　「樂活心‧環保情」課程，除了讓大家瞭解無毒和有機栽種的不同，藉由有機種植實例分享，不但體會到有機農友的辛苦之外，也瞭解有機栽種對大自然生態保育的重要性。講師以簡報檔來說明樂活（LOHAS）是健康及永續自給自足的生活型態，進而引導學員養成樂活族的綠色消費習慣，要健康除了分享有機飲食、慢食主義及素食的好處，亦可藉由瑜伽、太極等運動，達到自然療癒的功效，並藉著禪修打坐、讀書團體、繪畫的方式提升心靈成長。要達到自給自足的生態永續的精神，是可以能源重複使用、資源回收再利用及環保碗筷杯的使用等。慢活運動就是學習減法人生，包括慢跑、慢走、慢食、慢活、慢錢、慢慢學快快到。簡報中須提及經濟和環保共存時的思維和行為，舉例三芝阿石伯蓮花救赤蛙的有機蓮花田、這一生至少當一次傻瓜的木村阿公的無毒蘋果，和王有里的喝茶護水庫有機換生機理念種的坪林有機茶故事分享。最後要引導長者做到「樂活實踐主張」，包括食衣住行育樂各方面，食的方面包括有機無毒食物、少食品添加物、少肉多蔬食、支持當地當季農產品、8分飽2分救人好、零廚餘和自己種菜。衣和住的方面，包括不多買衣服、選用有機棉、支持綠建築、多種植物、隨手關燈關電、少用冷氣、洗衣省水和洗澡水沖馬桶等。行的方面包括搭公共運輸工具、多走路、騎單車、爬樓梯少搭電梯、電動車／油電車和共乘等。育樂的方面包括多上圖書館借書、減少影印資料、雙面印刷、玩具重複使用、選擇近郊景點和觀看二輪電影等。同時也會簡單分享「正念減壓療法」（MBSR）的身心靈平衡訓練，以食禪、聽禪、觀呼吸等正念體驗練習提升自我療癒系統功能，於行、住、坐、臥間培養正念（mindfulness），覺察問題、改變信念、建立新連

結，因為徹底轉變心念，才能恢復健康。可以用一顆葡萄乾練習，教大家如何吃一顆葡萄乾，慢食練習吃完後有什麼感覺。結論時告訴學員，要活在當下、察覺分明，時時正念、處處慈心，啟動自我身心靈整體健康，多愛自己及他人與儲存宇宙最好的感恩能量。

◆第3堂是「環境安全與食品安全」

　　「環境安全與食品安全」課程，透過閱讀及心得分享，瞭解環境安全及食品安全新知。除了教大家認識有害物質來避開有害物質，同時瞭解詳閱商品標示、正確使用方法、修正不當使用方法、定期接收新資訊、瞭解中毒徵兆及急救方法。例如拜拜的香本身不含苯，但其製造原料含有多環芳香烴化合物，燃燒後就會釋出苯，危害到身體健康。礦泉水瓶放車內受到長時間日照，瓶中水含氯乙烯分解的毒氣，也是會危害身體健康的。保麗龍盒會造成環境荷爾蒙危害，常用塑膠容器要選擇耐熱度120～135度PP材質，保鮮膜盡量選擇耐熱180度的PMP材質。藉由生活飲食及資源回收，瞭解自己與大自然息息相關，共生共存，進而採取環境保護行動。並在結業典禮辦一個小型同樂會，邀請長者做一道屬於蔬食類的美食與其他人分享，例如有長者的拿手菜是滷豆乾，她用蔬食的理念和營養學概念，重新創作料理，就給她滷豆乾達人的稱呼，拍照留念並分享製作方法。長者拿手菜還包括雜糧饅頭達人、涼拌菜達人、南瓜湯達人、蛋糕達人、桑葚果醬達人、蔬果汁達人等。

◆第4堂是「園藝輔療」

　　「園藝輔療」課程，透過園藝輔療課程，學習維護大自然，感受生態保育及環境保護的重要性。並透過生命故事，認識自己，瞭解生命的意義。園藝輔療，是用植物及園藝，促進心理健康的一

種方法，植物的生命，就好像人類生命一樣，經過幼年期、青春期、中年期到老年期，最後結種子而亡，需要經過一定過程的不同管理才能茁壯開花，可以讓人從中瞭解生存的意義，實踐生命的意義與價值。課程的安排在教室進行，邀請志工講師分享園藝種植的經驗，土壤的調整比例，並請學員與講師討論自己想要種植的植物的正確栽種過程。室內課可以配合彩繪我的故事和彩繪生命樹的繪圖，來引導學員認識自己和土地的連結。

◆第5堂是「生態環境一日遊」

　　「生態環境一日遊」課程，可以與健康操或瑜伽老師結合，課程中導入瑜伽之手足健康操，一邊享受大自然芬多精的體內環保運動，一邊體驗大自然，瞭解溫泉自然生態的知識。帶學員到戶外做戶外健康操或戶外瑜伽後，接著可以安排一段健走行程，可以安排在新北投公園旁，泉源路附近的開明公園，那裡有開放式的溫泉泡腳公園，沿路的植物有標示名稱，提供路人認識植物，北投清新的芬多精空氣，讓人心情愉悅，身體健康。解說觀賞植物的老師，可以是義工或熟悉當地植物的解說員。可以安排戶外聚餐，每人分享自己在園藝種植時碰到的困境，講師藉由自己的專業，協助學員瞭解克服困難的方法，重新開始另一段園藝生活的開始。大多數的

表5-3　高齡環境教育課程名稱

序	課程名稱
1	樂活蔬食
2	樂活心、環保情
3	環境安全與食品安全
4	園藝輔療
5	生態環境一日遊

長者都有種植花草，但是大多數的經驗是失敗的，可以鼓勵成功的學員多分享自己的經驗。活動結束後的合影相片，是幸福的一天的記憶，課後可以給學員電子檔或相片，為美麗的一天畫上完美的句點。

(二)課程目標及學習成效

本課程之目標在提升參與者環境素養，透過體驗學習方案，提升高齡者全人整體健康為終極目標。藉由體驗活動方案的介入，參與者的環境素養有顯著提升。

1. 由「樂活蔬食」課程，學員會因為影片分享後，覺知動物對環境造成的破壞，也瞭解蔬食的營養，會進而影響人類生活環境，而會接受多攝取蔬菜水果，對自己及自然都有好處，會改變飲食習慣，提升個人環境保護行動。

2. 由「樂活心‧環保情」課程，學員在深刻瞭解有機農業對自己及自然的影響之後，會改變消費行為，會自然而然地接受有機食物相較於一般食物較貴的價格，也會去瞭解有機蔬食及有機栽種，開始對種植及生態有了正面的認同，價值觀也相會改變。

3. 由「環境安全和食品安全」課程，學員會對垃圾袋做摺疊處理及再回收利用的工作，也藉由環保知識分享，學員瞭解日常生活中，環境安全和食品安全對自己及自然的重要，如何避免自己吃到或用到傷害身體健康的食物，同時就會避免環境遭受破壞的機會，例如環保筷的使用及室內外植物盆栽種植等。

4. 由「園藝輔療」課程，學員在日常生活中將園藝種植，視為

生活中的一部分，有的人對園藝種植十分有信心，而觀察中會發現，可以克服園藝種植困難的學員，在日常生活中面對處理事情時，比較正面且積極樂觀。而有些學員，時常面臨因種植技能知識不足而產生對園藝種植沒有信心，在專業園藝老師的解惑及技能知識增長之後，就會認為自己可以更積極正面面對困難，提升環境技能。有學員會認同與植物的對話是有意義的，也會認同大自然的植物是需要被呵護才會長得好，學員在學習後對環境態度及行為的自我肯定，並藉由心得分享及說故事，會正向影響其他學員的環境態度及行為。

5.由「生態環境一日遊」課程，藉由其他學習方案的配搭，例如戶外簡易瑜伽，大自然芬多精深呼吸練習，養生飲食聚會等活動，引起學員參與戶外活動的興趣。

　　經濟與自然兩者是否能平衡發展，可由環境素養提升，生態導覽的導入，培養具有環境素養的公民，協助學習者於日常生活中落實環境行動，達到永續發展的目標。課程提升個人環境行動且改變消費者學習後的環境行為，內化所有學習在每天的生活中，幫助參與者思考自然生態與人類共存的重要性，並落實生態環境保育於生活中（荒野保護協會志工群譯，2010）。

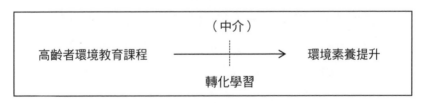

圖5-1　高齡者環境教育課程與環境素養提升關聯性

如何透過體驗學習，提升高齡者身心靈健康，讓高齡學員在身、心、靈方面，皆能更健康快樂，進而達到全人健康的境界，是本次活動的終極目標。學習中鼓勵學員參加活動，藉由學習來創造自己豐富生命的最大價值，提升自己的生活品質。如何在高齡學習中，藉由與自然的連結，統整自我管理的能力，將休閒課程結合園藝學習，提升高齡者靈性健康，將是高齡學習新課題。高齡者在園藝種植體驗學習中，對生命的體悟及園藝輔療對個人靈性健康成長所產生的影響。

園藝輔療對靈性健康影響包括：突破種植上遇到的瓶頸及困難，才有辦法繼續鼓起勇氣為自己種植的植物健康努力。學員藉由對自然植物的觀察，瞭解到——要讓受傷的植物恢復健康，需要正確的給予陽光，放置在適當的位置，植物才會從生病的狀態，再度生意盎然的活著，展現健康的一面。這些活動會間接影響長者體悟到自己老化的身體照護和心靈照顧的重要性和方法的找尋。為環境做一件事活動中，學員每一個人為自己取一個自然名，然後種一盆小盆植物，放在社區老人服務中心的園藝區裡，為提供課程場地的老人服務中心做一件事，幫助長者增加社會參與的機會。個人健康促進自我管理與園藝課程結合上，具有相輔相成的功效。學員在體驗種植植物的過程中，學會修復的技巧，體會到人和植物一樣，都會因為照顧上的種種因素，變得不健康，需要細心照顧後，才能健康成長。而人也是會生病，特別是高齡者，更容易體會到自我管理的重要，不論在身心靈各方面，有了多面多元整體的照顧，才能有幸福快樂的能力和生活。

自我管理的課程，因為包含生理健康的層面，故需配合專業護理師來協助長青照護議題的知識分享。當個人不論在種植上或靈性

生活中，感受到自己與他人、自然的重要連結，個人靈性成長進程裡，已經會愛惜自己、關懷他人與植物。

　　追求老後幸福感、老年生活品質及成功老化，是個人邁向人生最後階段的目標（洪悅琳，2009）。個體生命韌性和長壽，都與諸多社會因素有關，其中也包括靈性信仰、社會參與、自我生命任務的承諾等，並鼓勵高齡者重建重新自我評估並重建自信（吳淑娟，2012）。高齡者的韌性，亦即行動復原力一旦提升，將對生命有所體悟，並將對個體生命意義，以正向積極的態度看待負面的事物，並幫助高齡者找回自我內在的力量。

園藝輔助療法活動花絮

樂活蔬食

福智里仁志工教學員製作蔬食

樂活心・環保情

洪悅琳老師分享慢活與慢食體驗

| 環境安全與食品安全 | 樂於分享蔬食的高齡料理達人 |

| 園藝輔療 | 戶外瞭解植物的生長環境與照護 |

| 生態環境一日遊（牧場中的福壽螺） | 為環境做一件事（樂齡陽台花園） |

Chapter 6

身心靈整合學習方案

身心靈整合學習方案為高齡健康促進學習方案，設計並實施於社區學習者、機構住民及讀書會運用，分述如下。

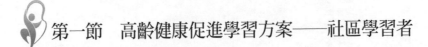

第一節　高齡健康促進學習方案——社區學習者

全人整體健康促進轉化學習方案，屬於多元學習，課程不但具變化，且更重視學習者的情意、責任感及參與感的培養。成人隨著生命期減少而對未來的態度轉變，積極的人會把握當下學習，投入有益身心的活動。全人整體健康取向之多元學習課程，課程的設計規劃，講師的師資，學員的學習需求，對提升參與者全人整體健康，有顯著影響。轉化學習的內化成效，使學習後的知識變成一種「生活態度」。廖淑純（2011）研究顯示，在靈性轉化學習中呈現出靈性在生命的意義與人生使命的展現。身心靈健康之道，是找到一個自我療癒之方。自我療癒是轉化過程（the transformation journey）中的重要元素，信心在轉變過程中協助人增能，使生命顯現更深層的意義。

以社區學習者為主所設計之活動，可以從社區之定義、特色及相關政策作為參考。

(一)社區之定義

社區包含了對鄉土認同、安全信任、生活品質的追求與憧憬，更表示對共同經營環境、提高生活品質的夢。社區的範圍，是該社區所屬的地理區域面積及地理環境，通常透過地政機關取得資料。居民比較會從生活範圍等，來界定自己的社區範圍。透過社區居民的共同思考及討論，會發展出一種對於社區發展的方法（社區資源

手冊，2001）。

(二)社區學習之特色

　　社區體驗學習，是社區學習之特色，以杜威的做中學和柯伯的經驗學習運作四週期。社區學習是一個整合的學習。社區學習方案規劃以目標、發展、次序、多數、互動、彈性、自願、效益、安全為九大原則（林振春，2008）。設計社區學習活動，需理論與實務並重，觀察學習，請教專家，加以創新。可以使用專案管理理念和工具，例如行銷推廣、活動執行方法、甘特圖等設計社區學習活動。

　　瞭解社區特色，結合社區學習相關政策，可以在社區中，發展終身學習。適用於社區高齡者成功老化的健康需求評估方案，應由生理、心理、靈性、社會、環境五個面向來探討。以下高齡健康促進學習方案體驗活動企劃書範本格式，提供實務工作者在企劃書撰寫範例。

企劃書範本格式

樂活新生活課程

高齡健康促進學習方案
體驗活動
進階班

主辦單位：○○社

合辦單位：○○基金會○○服務中心

　　　　　○○教會

活動企劃：全球○○整合行銷

活動指導：經國管理暨健康學院老人服務事業管理系

　　　　　洪悅琳主任

活動時間：民國○○○年○○月○○日

活動地點：台北市○○區○○路○號

壹、緣起

本活動以提升靈性健康成長課程介入高齡者學習方案，幫助長者增強靈性成長之自己與自己、他人、自然、神四大面向的連結性與感受性，並幫助長者知曉人和自然是共生共榮的，活出美好生命的意義，進而統整管理個人之全人整體健康、提升老年生活品質及幸福感。

貳、活動目的

本活動以全人整體健康的觀點出發，設計體驗學習方案，並為長者提供園藝種植的課程，希望透過老人學習課程的介入，幫助參與者提升靈性健康為目標，提升高齡參與者之學習成效，學習並內化所學成為一種生活方式。

參、活動目標

活動目標為結合社區資源，開展設計提升參與者身心靈健康之體驗學習方案。

肆、活動內容

「健康學習方案」課程表						
單元	星期	時間	學習方案	自然生態	靈性健康	靈性健康層面
1	五	11-12	生活美學	為環境做一件事	自己	活出美好能力
2	六	4-5	恩典之路	矇眼的信心	他人	內控外顯能力
3	五	11-12	水的秘密	水的表面張力	神	獲得幸福能力
4	六	4-5	伊甸園藝	與大自然做朋友	自然	連結自然能力
5	五	11-12	生命足跡	地瓜葉的生命圖	神	獲得幸福能力
6	六	4-5	愛的真諦	芬多精喜樂操	神	獲得幸福能力

伍、宣傳方式

1.○○基金會○○中心公布欄張貼活動海報。

2.活動海報電子檔JPG檔上傳至主辦及協辦單位網站及部落格。

3.○○社網站及FB臉書分享連結。

4.相關企業FB臉書分享連結。

5.協辦單位line連結招生訊息。

陸、經費預算

項目	項目明細	數量	費用
講師費	志工講師	單元	0
餐費	長者共餐費用（含志工）六次	人	
教材			0
合計			

※備註：志工為志願服務，無費用支出。教材費由活動企劃單位贊助。

柒、預期效益

1.本活動可以提高○○社團的公益形象。

2.參與活動者滿意度達90%。

3.促進參與者身心靈健康及人際互動，達到提升環境行動力的目的。

　　以下活動共分六次進行，每次時間50分鐘，每次體驗活動後，引導者會做結論，並延伸活動議題及引導個人反思及討論。單元活動設計從第13～18堂，可以每週辦理，共計一個半月。亦可每月辦理一次，作為進階課程或觀點轉化延伸學習用。

單元活動設計第13堂

單元名稱	生活美學		
適用對象	55歲以上民眾		
活動時間	50分鐘	參與人數	32人
使用教材	・拼圖紙卡 ・彩繪我的故事圖32份 ・樂活生活作業單32份 ・歌詞32份		
活動目標	1.藉由相見歡遊戲，彼此互相認識 2.提升生活幸福感 3.體驗鳥類飛行的感受，藉此體悟同理心 4.一邊做體適能活動增加運動量，一邊唱詩歌 5.學習用不同的方式和他人溝通		
活動流程之內容設計		時間	活動資源或器材
【開場白】 1.大家好，今天是上課的第一天，我們都是心學員，同學們一定覺得很奇怪，明明有前十二週的學員來參加這六週的課程，為什麼老師說都是心學員呢？ 2.原來，老師說的心，是心靈的心，心情的心，不是新舊的新。 3.今天，我們的主題是生活美學，一定有同學說，老師，我們都一把年紀了，美不美麗不重要，生活過得去，身體健康沒煩惱，就很高興了。 4.沒錯，外表不重要，可是快樂會讓我們身體變得更健康，如果說不用吃藥就可以讓身體健康，我想不論老或年輕人，都想要知道秘方，對吧，這六次的課程中，讓我們一起找出秘方。		5分鐘	

【學習方案13-1展翅高飛】	10分鐘	
方案： 1.我們先來做一個動作，第一個動作是學鳥飛。 2.我們都覺得小鳥很幸福，對嗎？因為牠們可以遨翔在天空中。 3.可是如果小鳥沒有天敵，沒有人和他競爭食物，你覺得牠會飛嗎？ 4.讓我們現在拍動30秒，體驗一下鳥飛翔的感覺，開始。（拍拍拍拍……） 5.很辛苦對吧。其實我們都以為鳥飛在空中很棒，其實很累的，今天我們感受到了。各位請坐。 結論： 在生活中，我們有時候都覺得別人很棒，很羨慕別人，那是因為我們沒有處在他現在處的位子上，無法感受到別人為了生活，所承受的痛苦，所以有時候，要同理心站在對方的立場想一下，或是想一想，其實地球很小，有一天我們也會有可能處在同一個情境裡面，希望別人為我們著想。 思考： 現在的你，想一想，在這麼複雜的社會環境裡，怎麼樣的生活，會讓你覺得快樂？		
【學習方案13-2喜樂操】 （基督徒）〈有福氣的人〉 耶穌疼咱世間人，祂將天裡福氣帶互咱， 犧牲生命來世間，將咱重擔釋放； 因為祂的大痛疼，贏過世間的苦難， 你若伸手互祂牽，就有平安與盼望。 信祂的就是有福氣的人，這款機會豈可放？ 事事項項有祂幫助，心內苦痛變輕鬆， 信祂的就是有福氣的人，這款機會不可放， 歡歡喜喜佇主內面，享受快樂一世人。 （佛教徒）〈禮拜佛陀〉（尊重多元信仰文化所準備） 望著你的臉，望著你的眼， 合起我的掌，閉上我的眼。 佛陀啊，佛陀啊，讓我禮拜你， 佛陀啊，佛陀啊，讓我禮拜你。 望著你的臉，望著你的眼，	5分鐘	歌詞

合起我的掌，伏下我的膝。 頂禮你，頂禮你，大慈悲的佛陀啊。 頂禮你，頂禮你，親愛的佛陀啊。 望著你的臉，望著你的眼， 多少的神奇故事在把你傳頌。 今日的我，小小的我，站在你的面前， 站在你的面前， 佛陀啊，佛陀啊，讓我看你的臉， 讓我望你的眼，讓我拜你吧。		
【學習方案13-3相見歡】 ◎第一次分組用顏色 1.請大家去找拿到相同顏色色卡的人，一組4人， 　總共8組。 2.好，現在，手拉手坐下，腳伸直，站起來（可以 　坐靠近一些，再慢慢起來）。 3.再來繞一個小圓，坐在後面人腿上，半蹲，右手 　伸上直，左手向外。要注意安全。 ◎第二次分組用數字 1.接下來8個人一組，總共4組。 2.現在2個人一組，右手指你最喜歡對方哪裡；左 　手指自己最喜歡自己的地方。 3.接著，再找另一個人，一樣，右手指你最喜歡對 　方哪裡；左手指自己最喜歡自己的地方。 4.再換人，再找另一個人，一樣，右手指你最喜歡 　對方哪裡；左手指自己最喜歡自己的地方。 5.（連續三次後老師問）誰三次都一樣，就是自己 　指的自己最喜歡自己的部位。 6.誰三次都一樣，就是自己指的自己最喜歡自己的 　部位和別人指自己的一樣共三次。 7.請問，誰三次都指自己一樣的地方，這代表認同 　的問題，如果你三次都指一樣，表示你很認同自 　己，不太容易改變。 ◎第三次分組用A、B、C…… 接下來3人一組，共有11組，老師或志工可以先加 到少一個人的那一組，我們接著玩你說我畫（或是 替代方案，大家背對背，手拉手，用背撐著站起 來）。	25分鐘	拼圖紙卡

結論： 遊戲過後，你們有沒有發現，你認識更多的人，對一起玩過遊戲的人，也比較熟悉。有時候，經驗會讓我們累積聰明，但智慧等不等於聰明呢？我相信是不一樣的，有智慧的人是個聰明的人，但聰明的人，不一定有智慧。智慧是什麼，什麼是智慧的人生，在人生的旅途中，你的道路是否有中止的一天，常常有人問，我是誰？我從哪裡來？我往哪裡去？活在這世界上的目的是什麼？ 人生要怎麼過才叫有意義，神給了我們這些答案，當我們有信仰，信仰過程會讀經文，長者會用自己的生命中遇到的苦難，告訴我們信仰如何幫助他們在苦難中求智慧，然後活得更快樂，不被生老病死所困擾，這是有智慧的人，過智慧的人生。 思考： 現在的你，正過著有智慧的人生嗎？面對生老病死都知道那是神給我們的人生功課嗎？如果你回答是，老師為你高興，因為你已經得著了智慧，正活在美好的生命中。		
【統整與總結】 我喜歡看聖經裡最後一篇啟示錄，家人問我為什麼，我說，當我知道自己從哪裡來？我往哪裡去？活在這世界上的目的是什麼？我便豁然開朗，知道自己該做什麼，未來會去哪裡，做神所喜悅的事情，所謂生活美學，就是生活中充滿美好的事物，好的人，並且有智慧去做每件事，生活在幸福之中，過著充滿恩典的人生。	5分鐘	
評量方式	學員回饋單。	
週間作業	樂活生活作業單。	
課後檢討	學習方案13-3需要比較多的體力，同時執行時要注意安全。	
注意事項	1.備案1：靜坐深呼吸 2.備案2：彩繪我的故事圖 3.有福氣的人，可以配合YouTube影片。可以印歌詞給學員回家練習唱。 4.尊重多元信仰，課程學習方案13-2多準備一首〈禮拜佛陀〉。	
參考資料	唐崇榮（2010）。《智慧的人生》。香港：STEMI LTD.。	

單元活動設計第14堂

單元名稱	恩典之路		
適用對象	55歲以上民眾		
活動時間	50分鐘	參與人數	18人
使用教材	・口罩18份 ・隨身麥克風 ・繩子4條		
活動目標	1.用心體會自然萬物的存在 2.認識樹及樹葉 3.用不同角度看事情 4.以歌唱抒解壓力		

活動流程之內容設計	時間	活動資源或器材
【開場白】 各位學員大家平安,我們今天上課的主題是恩典之路。老師今天要帶大家先唱兩首歌,配合可愛的烏克麗麗來唱。第一首是〈當我們同在一起〉,第二首是〈歡樂年華〉。	5分鐘	隨身麥克風
【學習方案14-1矇眼的信心】 活動一 1.我們先分成四組,排成四排。 2.首先第一組和第二組,一對一,一個人矇著眼睛,另外一個人帶著矇眼的人到任何一棵樹的前面,帶的人將被矇眼者帶到樹前,被矇眼的人用摸的、聽的、聞的方式,去感受大樹2分鐘後就回到老師這裡集合。 活動二 另外,第三組和第四組的學員,到老師這裡來,去看看周圍的樹總共有幾種顏色。猜猜看?有很多種對嗎?因為陽光照射的關係,樹葉顏色就會不一樣。所以答案是很多種。 活動三 2分鐘後,請帶領者把矇眼者帶回來,再隨矇眼者去找剛剛摸的是哪一棵樹,帶領者只能說對或不對,矇眼者只有3次猜的機會。	10分鐘	口罩

【學習方案14-2超級比一比】	10分鐘	
現在每一個人去撿20片各種樹葉，每組派出一選手，找出我以下念到的，最適合的葉子。 (1)比葉片最硬的 (2)比葉片最寬的 (3)比葉片最黃的 (4)比葉片最長的 所以，現在大家都認識葉子的構造了。 1.老師現在問大家，葉子為什麼會變紅？ 2.原因是環境中光線與溫度，加上樹葉所含的三種色素：葉綠素、胡蘿蔔素、花青素的變化，兩相交互作用下，在春夏樹木生長的季節中，葉綠素受到陽光的照射而大量形成，因此樹葉看起來總是青蔥翠綠；當秋天來臨，日照時間縮短、氣溫降低，葉子葉綠素的製造減少、甚至破壞原有的葉綠素，葉中的類胡蘿蔔素即占優勢、進而取代，黃葉逐漸顯現。晚秋或入冬之際，類胡蘿蔔素逐漸分解，葉柄基部又產生離層，因醣類大量堆積的結果，一週強陽之白天與低溫之夜晚，醣類被還原成紅色的花青素，紅葉就這樣形成了。所以葉子通常是綠變黃再變紅。		
【學習方案14-3小人看世界】 1.現在，回到你的位子上，我們依照組別分成四組，我們沒有一二三四，只有竹柏、常春藤、黃金葛、地瓜葉。 2.每一組前面，有一盆這組的盆栽，請大家一起站著，看看這盆植物，計時2分鐘。看的時候，要觀察有沒有枯葉，有沒有蟲子，有沒有雜草等等。 3.好，接下來，我們半蹲看看這盆植物，計時1分鐘。蹲不下去的人，可以摸著膝蓋，按摩膝蓋。 4.好，現在我們坐在椅子上，我們離植物更近了，仔細看看，跟剛剛站著看的時候的感覺是不是不一樣了。	10分鐘	

結論： 這個遊戲告訴我們，要用和對方相同的角度看事情和說話，如果家裡有小孩或寵物的人，老師建議你蹲低一點，或坐下來跟他們說話，第一可以減輕孩子或寵物的壓迫感，第二是當你蹲低姿態的時候，你就比較不會發脾氣，回家練習看看。 思考： 1.我們台灣是生物多樣性的島嶼，這個小島裡，養活了各式各樣的生物，還有滿足了人類的口腹之慾，我們能為環境做的事很多，小到家裡種一些植物，可以產生更多的氧氣，大到不去破壞山林，讓山林中的芬多精幫助我們更健康。 2.我們看到公園草地上，其實有各種生物，如果我們一直踩草地或砍樹，或種檳榔竹筍等抓地力不夠的植物，就會傷害自然，所以，有時候，到山上爬山的時候，或在家種植物的時候，聽聽它們的聲音，那說不出口的無奈，跟它們對話，說些感謝的話。 3.植物比我們人類勇敢，一切逆來順受，想想，有時候，逆來順受的人到底是幸福還是不幸，隨著我們年紀的增長，年輕時喜歡計較的，這時的我們，看來覺得當時為什麼要這麼計較呢？有智慧的人，比較喜歡計較還是把一切用智慧來面對呢？		
【學習方案14-4認識樹的重要】 1.樹為什麼重要？因為它要行光合作用，生的果實可以吃，可以做紙，也可以當昆蟲的家，還有抓水的功能。夏天在樹下站1分鐘，比在太陽下涼，所以大樹是天然的冷氣機。 2.分享日本的漁夫們喊出「森林是大海的戀人」的口號。為什麼森林是大海的戀人？二十年前，在氣仙沼灣養殖牡蠣的漁夫們，為了把受到汙染的大海變回健康的大海，開始在山上種植落葉性闊葉樹。	5分鐘	

【學習方案14-5愛的真諦】 現在，讓我們一起唱一首〈愛的真諦〉（見備註），也是配合烏克麗麗來唱。	5分鐘	
【統整與總結】 下課時記得要把樹葉倒回公園，落葉對大自然也是很有幫助，即使枯黃，仍然可以讓很多細小的微生物保持溫度生存。葉片可以淨化空氣，芬多精可殺菌，不同樹產生不同殺菌作用，還可產生負離子，所以我們要愛護勇敢又為我們製造氧氣的大樹。	5分鐘	
評量方式	學員回饋單。	
週間作業	樂活生活作業單。	
課後檢討	學習方案14-3也可以用公園中的植物替代。 戶外活動需注意音量的大小及安全。	
注意事項	教案進行前，需確認至少要有10棵樹，現場是否適合 下雨天備案：節電生活	
參考資料	葉子部位名稱（附錄八） Osamu Tanaka著。吳佩俞譯（2009）。《不可思議的葉子》。台北：晨星。 農業知識網http://kmweb.coa.gov.tw/mp.asp?mp=1 杉山佳奈代著，蘇楓雅（譯）（2012）。《上山種下一棵樹繪本》。台北：小天下。	
備註	〈愛的真諦〉 愛是恆久忍耐又有恩慈 愛是不嫉妒 愛是不自誇不張狂 不做害羞的事 不求自己的益處 不輕易發怒 不計算人家的惡 不喜歡不義只喜歡真理 凡事包容　凡事相信　凡事盼望 凡事忍耐　凡事要忍耐 愛是永不止息 （摘自聖經）	

單元活動設計第15堂

單元名稱	水的秘密		
適用對象	55歲以上民眾		
活動時間	50分鐘	參與人數	18人
使用教材	• 麥克風 • 台灣之美PPT • 杯子4個 • 顏料三色（紅、黃、藍） • 滴管18支 • 一元硬幣18個 • 紙18張		
活動目標	1.以歌唱陶冶心性 2.瞭解人類的偉大發明，來自於大自然 3.認識台灣自然生態之美，提高環境保育行動力 4.用水的韌性看自己的韌性，學習包容 5.動手做，增進藝術創作力，刺激大腦思考想像能力 6.認識清潔劑對環境的破壞力		

活動流程之內容設計	時間	活動資源或器材
【開場白】 各位學員大家平安，我們今天上課的主題是水的秘密。老師今天要帶大家先唱兩首歌，第一首是〈流水年華〉，第二首是〈恩典之路〉（見備註）。	10分鐘	麥克風
【學習方案15-1造飛機】 1.解說老鷹在生態系中的重要性。 2.瞭解飛機的飛行和老鷹飛行的相關性。 結論： 人類在很多地方，都受到大自然中的動植物，啟發一些發現與發明，讓人類生活變得更好，但是當人類開始與動物爭地時，卻忽略了動植物（他人）生存的空間，忽視了大自然反撲的能力，對應到人和神的關係時，可以看見，神是如此愛人，希望人更愛人和萬物，但是覺醒的人不多，有行動力執行的人，更是少之又少，導致生態危機和人際互動減少，以及感受到神的存在而更加謙卑者屈指可數，我們所信仰的神，也會生氣的，所以，在日常生活中，我們要謹守本分，也要有行動力，走出來幫助	5分鐘	

別人，用自己小小的力量，集結他人的力量，聚沙成塔，聚水成河，為社會盡一份心力。 思考： 1.你曾經做過志工嗎？ 2.你的未來一年想要到哪裡做些志工呢？		
【學習方案15-2認識台灣之美】 1.認識台灣自然生態之美。 2.瞭解環境保護的重要性。 3.以說故事的方式，讓學生瞭解台灣獨一無二的特殊景觀及地形。 4.解說飛鼠吃樹皮的故事。 5.用公熊追母熊的故事，感受山與山之間的距離。 結論： 認識台灣自然生態之美，除了增加知識性的解說之外，也讓大家瞭解冰河時期對台灣的影響，以及溼地的重要，還有與我們一同生活在台灣的動植物，他們的生命力和適應能力，值得我們學習。生物在自然界中，會一直繁衍下去，就如蕨類和恐龍，一個讓台灣成為蕨類王國，一個則從攀木蜥蜴身上，看到牠的身影。 思考： 1.剛剛的美景，是否讓你更愛台灣這片擁有很多好山好水的地方呢？ 2.蕨類可以生存長久，但人的生命有限，你如何看待自己活著的每一天是否是「美一天」。	10分鐘	台灣之美PPT
【學習方案15-3水的表面張力】 1.分成四組。 2.準備4個杯子裝半杯水。 3.一人一個滴管和一元硬幣。 4.滴水在硬幣上，看誰滴的次數最多。 結論： 有的人滴10滴以下，水就跑出來了，有人滴70下，水還是沒有滿出來，可見人的技術和水的表面張力有很大的影響力。看看我們日常生活中，常常為了一點小事，就不高興，就生氣，其實，我們都忘了，人的包容度和韌度，應該比水還更強。下次生氣的時候，想一想，我要比水更有包容性，	5分鐘	杯子4個（裝水） 滴管18支 一元硬幣18個

凡事不要急，多練習幾次一定會做得更好，天底下沒有人，一生下來就會走路，這句話人人都知道，但是大家都知道熟能生巧，卻因為年紀越來越大，就不敢走出去嘗試，其實，當你跨出去那一步的同時，也是你得到快樂的鑰匙。 思考： 1.你最近一年內還會為某件事很生氣嗎？若是，從今天起，不要去想這件事，也不要去在意這件事，一個月後，你的心情一定會不一樣。 2.你周遭是否有人因為常常當志工，你總是在他身上看見快樂的笑容？		
【學習方案15-4彩色人生】 1.認識三原色。 2.用三原色紅、黃、藍，按比例調出紫、綠、橙。 3.再自己想像創作在紙上。 結論： 色彩是如此的豐富，就像我們的生命一樣，如何讓未來的生活，是彩色而不是黑白，掌控在自己的手中，一步一步走來，人生不僅會越來越快樂，也越來越甘甜，越來越值得回味。 思考： 1.我的未來一年想要做些什麼？ 2.做什麼會讓我快樂？ 3.誰可以讓我對未來無所畏懼？	5分鐘	杯子4個 顏料三色（紅、黃、藍） 紙18張
【學習方案15-5大藝術家】 1.分成4組。 2.每組杯子4個，顏料紅、黃、藍三色。 3.請學員自己將剛剛調出的顏色，輪流滴到水杯裡。 4.完成後，請每一個人輕輕攪一下水中顏料，呈現出一幅圖畫。 5.請一個學員滴入一滴清潔劑，會發現圖整個散開來變形。 6.收拾桌面。	10分鐘	杯子4個 顏料三色 （紅、黃、藍）

結論： 清潔劑含有界面活性劑，會破壞大自然，導致水中生物無法生存。水中生物和我們的生活息息相關，雖然我們喝的水，會從水庫中流到家裡，但是人活在地球上，水資源有限，經由雨水到水庫的水也有限，若海洋環境被汙染，代表我們的食物也會被汙染，這些都是環環相扣的，可見人與自然的關係之建立，是現代人的當務之急。否則當有一天大自然反撲，將會造成人類的浩劫。 思考： 1.從今天開始，你會減少塑膠袋的使用嗎？ 2.從今天開始，你會更珍惜造物主創造的萬物和自然生態嗎？			
【統整與總結】 我們今天更新思考自己的生活方式，包括自己對待自己的方式、自己的人際互動關係、自己面對自然生態保育時的行動力，以及神對你的愛及約束力對你的影響，當這四個方向都有顯著提升時，我相信地球會更好。	5分鐘		
評量方式	以互動方式問學員靈性健康四大面向，在這幾天對自己的影響，以舉手方式記錄，分別以1～5表示，分別為非常不同意、不同意、普通、同意、非常同意。		
週間作業	練習流水年華和恩典之路，準備表演。		
課後檢討	高齡學習者對電腦使用較生疏，減少用電腦YouTube練習唱歌的機會，要提醒學員互相幫忙，有空時一起練習。		
注意事項	長者偶有頭昏情形，單位需準備量血壓機，提供適當休息場所。		
備註	〈流水年華〉 朦朧的街燈　靜靜躺在小雨中　往事又掠過我心頭 猶記離別的時候　緊緊握住我的雙手 輕輕一句多珍重　眼兒也濛濛 年華似水流　轉眼又是春風柔　層層地相思也悠悠 他鄉風寒露更濃　勸君早晚要保重 期待他日再相逢　共度白首		

〈恩典之路〉
你是我的主　引我走正義路 高山或低谷　都是你在保護 萬人中唯獨　你愛我認識我 永遠不變的應許　這一生都是祝福 一步又一步　這是恩典之路 你愛　你手　將我緊緊抓住 一步又一步　這是盼望之路 你愛　你手　牽引我走這人生路

單元活動設計第16堂

單元名稱	伊甸園藝		
適用對象	55歲以上民眾		
活動時間	50分鐘	參與人數	18人
使用教材	・地瓜葉 ・培養土兩大包 ・紙18張 ・蠟筆8盒		
活動目標	1.藉由他人生命圖的分享，體會自己生命與自然循環之環環相扣 2.藉由戶外體驗學習活動，瞭解樹和葉的自然生態 3.動手做蔬食，讓大家在做中學		
活動流程之內容設計		時間	活動資源或器材
【開場白】 各位學員大家平安，我們今天上課的主題是伊甸園藝。老師今天要帶大家先唱一首歌，是〈恩典之路〉（見備註）。		5分鐘	
【學習方案16-1笑笑功】 1.先用呼吸法練習吸氣和吐氣。 2.先練「HA」，再練「Ha Ha Ha」，再開始大笑。 結論： 微笑是一種禮儀，而大笑是一種抒壓的養生方法之一，也是練肺活量的好方法。 思考： 你平常抒壓的方式是什麼？		5分鐘	

【學習方案16-2水滴的旅行】	10分鐘	
1.說明遊戲規則，並請學員遵守遊戲規則。遊戲規則包括：		
(1)雨滴不可以停住。		
(2)樹不可打雨滴。		
(3)被砍掉的樹不能動。		
(4)水滴被抓後，要蹲下來數5秒，才能繼續前進，直到通過終點線為止。		
2.接下來說明遊戲進行的場域：		
(1)模擬場域：山上有一座森林，下方有一條河流，下雨時，雨滴落在森林的樹上，而後匯集到山下的河流。		
(2)請一位志工或隊輔擔任計時人員，其他人在終點當河流。		
(3)規範出森林與河流的範圍，限定雨滴流下山的路徑。		
3.說明遊戲進行的方式：		
(1)學生分為兩組，一組當樹木，一組當水滴。		
(2)活動開始前，請小水滴站在森林後方，其任務是要穿越森林抵達河流。		
(3)請所有樹木選擇位置，樹和樹之間要有空隙讓水滴流下，面對河流站好，樹雙腳要張開並固定，好像樹根抓住土壤一樣，不可以移動，雙手可以學像樹枝一樣自由擺動，同時要提醒當樹的學員是不能走動的。		
(4)當老師說「下雨啦」，這時候在天上的水滴就會掉落在山頭，水滴必須快步穿越森林，抵達下面的河流。		
(5)水滴僅能在森林裡樹中間的空隙穿越，不能跑出森林外。		
(6)水滴在行進中，如果被樹枝碰到或自己碰到樹枝時，水滴就必須在原地蹲下，數3秒鐘後，才能再繼續穿越森林。		
(7)喊「太陽出來了」的時候，所有水滴要再回到天上，就是山頭的位置。		
4.活動開始。		
(1)活動進行第一輪，水滴從高山上往下衝，當全部的水滴到達河流時，看看總共花了幾分鐘。		

(2)請計時人員告訴我們水滴們這次通過森林，總共花了幾秒？

(3)活動進行第二輪，因為山坡上景色太美，人類準備要蓋房子了。所以第一排靠近河流的樹，要全部砍掉。因為被砍掉了，所以請第一排的同學站到森林外面。此時請水滴從高山上往下衝，當全部的水滴到達河流時，看看總共花了幾分鐘。

(4)請計時人員告訴我們水滴們這次通過森林，總共花了幾秒？

(5)活動進行第三輪，因為高山高麗菜真好吃，人類要在山上種高麗菜，所以有幾棵樹要砍掉。因為被砍掉了，所以請右邊被砍掉的同學，站到森林外面。然後請水滴從高山上往下衝，當全部的水滴到達河流時，看看總共花了幾分鐘。

(6)請計時人員告訴我們水滴們這次通過森林，總共花了幾秒？

(7)活動進行第四輪，因為種檳榔很賺錢，所以人類決定森林全部種檳榔樹，請所有的樹都把手抬高（代表檳榔樹）。然後請水滴從高山上往下衝，當全部的水滴到達河流時，看看總共花了幾分鐘。

(8)請計時人員告訴我們水滴們這次通過森林，總共花了幾秒？

結語：

1.從消費行為中做環境保護的方式，包括不買高山蔬菜、不買高山茶、隨身帶環保購物袋、不吃山產。

2.瞭解山林的危機，才能避免土石流的問題再發生。

思考：

1.思考一下，你用過的水乾淨嗎 ？

2.水循環，水在地球循環，逃不出地球手掌心，不管水怎麼用，都留在地球上，而且會越來越髒。地球表面水占70%，因此水土保持很重要，包括保山，透水，保水率，就是留住水的能力。

3.如何用消費行為改變世界。

【學習方案16-3老樹爺爺的故事】 1.我們來講「一片葉子落下來」的故事。 2.葉子弗瑞迪問老樹爺爺，樹也會死嗎？ 3.老樹爺爺告訴葉子弗瑞迪，葉子死後將成為大樹的養分。舊的生命不能重來，新的生命卻能因此產生。你活著的時候，幫助人們在樹下快樂的生活，這就值得了。我們存在的目的是讓人快樂，不論是大、是小、是強、是弱，做完一生中該做的事情，就會變成落葉，沒人知道是哪一天。 4.最後葉子弗瑞迪放手了，微笑地說，「暫時再見了」。春天了，落葉不會再回來了，可是生命一直都在。老樹爺爺微笑著，繼續等著另一群新生命的到來。 結論： 試想，一個植物就是一個生命，每個生命都是造物主造的，不會無中生有，當然也不會消失，所以我們的每一部分將會變化成為宇宙的某一部分，與地球融為一體。 思考： 1.聖經裡提到：「一粒麥子落在地上死了，才能長出許多麥子來。」，從這句話和一片葉子落下來的故事，對你的生命有什麼啟發？ 2.現在的我，可以為社會做些志願服務事工？	10分鐘	
【學習方案16-4地瓜葉的生命圖】 假設你是一株地瓜葉，請畫出你的生命圖和生態系（附錄七）。 結論： 地球是一個循環，有日夜；植物和動物是一個循環，植物呼出氧氣，人類吸入氧氣。宇宙間有循環，每個星球間保持距離運行著；人體內有循環，藉由血液讓養分進入各個部位。所以，人體是一個小宇宙，而在大宇宙間生存著。 思考： 1.森林是大地的命脈，因著森林的存在，吐育人類所需的氧氣，涵養了豐富我們人類生活的土地，雨水是水資源循環的來源，太陽讓生態色彩繽紛。	5分鐘	紙18張 蠟筆8盒

2.人類是動植物的朋友還是天敵，取決於人類是否被喚醒的真我，那真我就是無私的我，平等對待眾生的人，一些被人類不當捕殺而滅絕的動物像梅花鹿、灰面鷲（國慶鳥），都是為了滿足人的貪欲而遭到捕殺，我們應該記取歷史教訓，讓這些事不再發生。		
【學習方案16-5伊甸園蔬食】 1.請每一個人練習種植地瓜葉。 2.請老師說明栽種的方法。 結論： 瞭解植物的生命力，是我們學習謙卑的最佳方法。 思考： 萬物的存在都有一定的意義。	10分鐘	地瓜葉 培養土兩大包
【統整與總結】 用以下的問題，引導思考生態破壞過程中，人類要如何改變行為，才能減少破壞力。 1.沒有每天下雨，為什麼還有水？ 2.天上的水，樹為我們留下。 3.如果山上的樹不見了，會發生什麼事？ 4.哪一種土壤可以留住更多的水？ 5.繪本「上山種下一棵樹」，說明漁夫會到山上種一棵樹，是因為樹和水滴不是對立，而是保護。 6.我們可以做什麼？。	5分鐘	
評量方式	以互動方式問學員靈性健康四大面向，在這幾天對自己的影響，以舉手方式記錄，分別以1～5表示，分別為非常不同意、不同意、普通、同意、非常同意。	
週間作業	觀察地瓜葉，每日澆水。	
課後檢討	種植活動前要注意土壤會倒出來，建議先鋪報紙。	
注意事項	1.活動時要注意安全。 2.部分長者因為行動較慢，可以請他們注意安全，活動主要是要讓長者瞭解森林保育的重要性。 3.不要給學員太多負面的情緒或想法。 4.提醒學員不購買高山菜等作物，用消費行為減少業者的商業行為，就可以減少他們對森林造成的破壞。 5.要鼓勵學員正面看待很多環保志工的努力，並鼓勵長者衡量自己的體力及時間，參與環保志工活動，為台灣環境保育盡一份心力。 6.尊重多元信仰文化，課程歌曲準備一首〈有一條路在你身邊〉。	

備註	〈恩典之路〉
	你是我的主　引我走正義路　高山或低谷　都是你在保護
	萬人中唯獨　你愛我認識我　永遠不變的應許　這一生都是祝福
	一步又一步　這是恩典之路　你愛　你手　將我緊緊抓住
	一步又一步　是盼望之路　你愛　你手　牽引我走這人生路
	〈若是有你佇我的生命〉
	若是有你佇我的生命　我就永遠不驚惶
	風雨那呢大　曠野這呢闊　有你同在無搖泏
	若是有你佇我的生命　我就永遠不孤單有你相作伴　與你逗陣行
	充滿溫暖不畏寒
	海水會乾石頭會爛　的愛疼無變換　願為我受盡拖磨
	將我當作你心肝
	海水會乾石頭會爛　的愛疼無變換　情這大怎樣感謝
	一生與主連相倚
	〈有一條路在你身邊〉（尊重多元化信仰文化所準備）
	有一條路在你身邊，輕輕的抉擇慢慢領悟。
	抉擇於十惡十善法，斷惡修善是心頭的功夫。
	有一條路就在身口意間，通向覺悟也通向三途。
	心向無明墮三途，心向智慧通覺悟。
	有一條路就在方寸之間，通向曠遠無垠的宇宙。
	聆聽那萬古不衰的真諦，人們啊，
	留心你的腳步，留心你的腳步，留心你的腳步。
	諸惡莫作眾善奉行，自淨其意是諸佛教。
	諸惡莫作留心你的路，眾善奉行留心你的路，自淨其意留心你的路。
	方寸之間的抉擇，演變六道輪迴的悲。
	方寸之間的抉擇，開示出聖者寬闊的路，三乘聖者寬闊的路。
	謳歌你的智慧吧人們！抉擇你的信心吧人們！
	留心你的腳步！留心你的腳步！業果的法則，如日月當空。
	醒覺你的心，醒覺你的心，醒覺你的心。

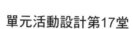

單元活動設計第17堂

單元名稱	生命足跡		
適用對象	55歲以上民眾		
活動時間	60分鐘	參與人數	32人
使用教材	・地瓜葉 ・紙18張 ・紙8開4張 ・題目卡		
活動目標	1.藉由碳足跡看人的生命足跡 2.瞭解生命的意義和存在的價值		
活動流程之內容設計		時間	活動資源或器材
【開場白】 各位學員大家平安，我們今天上課的主題是生命足跡。		5分鐘	
【學習方案17-1低碳綠生活】 1.請問同學們今天早上吃了些什麼？ 　（請學員思考，和老師互動回答） 2.早上有人吃了三明治，有人喝牛奶，這些吃的東西，在運送的過程中，都會排放很多碳，就會讓地球生病。 3.吃什麼比較綠。 　（請學員思考，和老師互動回答） 結論： 1.每一樣的物品都有它的生命故事。包裝紙也有生命故事。包裝紙要耗掉電和水，但是包裝紙用完後就要丟掉了，製造過程很久，浪費很多能源，排放很多碳，卻一下子就丟掉了，很可惜。 2.每一個產品的生產到運送，都有碳足跡。 3.怎麼做可以保護地球和我們健康呢？那就是減少碳排放。 思考： 1.在生活中怎麼做，才是愛護地球。 2.在生命中怎麼做，才是愛護眾生。		10分鐘	

【學習方案17-2地瓜葉的生命圖】 假設你是一株地瓜葉，請畫出你的生命圖和生態系。 結論： 地球是一個循環，有日夜，植物和動物是一個循環，植物呼出氧氣，人類吸入氧氣。宇宙間有循環，每個星球間保持距離運行著，人體內有循環，藉由血液讓養分進入各個部位。 所以，人體是一個小宇宙，而在大宇宙間生存著。 思考： 1.森林是大地的命脈，因著森林的存在，吐育人類所需的氧氣，涵養了豐富我們人類生活的土地，雨水是水資源循環的來源，太陽讓生態色彩繽紛。 2.人類是動植物的朋友還是天敵，取決於人類是否被喚醒的真我，那真我就是無私的我，平等對待眾生的人，一些被人類不當捕殺而滅絕的動物像梅花鹿、灰面鵟（國慶鳥），都是為了滿足人的貪欲而遭到捕殺，我們應該記取歷史教訓，讓這些事不再發生。	10分鐘	紙（附錄七）
【學習方案17-3老樹爺爺的故事】 1.我們來講「一片葉子落下來」的故事。 2.葉子弗瑞迪在春天出生、夏天成長。他與他的葉子同伴們一起與風共舞，俯瞰樹下走來走去的人，有一天風像生氣了一樣，把他們扯了下來。 3.葉子弗瑞迪問老樹爺爺說：如果我們反正會掉落、死亡，那為什麼還要來這裡呢？樹也會死嗎？ 4.老樹爺爺這時，告訴葉子弗瑞迪說，葉子的死去將成為大樹的養分，等下次春天來了，大樹便得以冒出新的枝椏。舊的生命不能重來，新的生命卻能因此產生。你活著的時候，幫助人們在樹下快樂的生活，還讓四季有這麼多顏色，這就值得了。我們存在的目的是讓人快樂，因為面對太陽的方向不一樣，顏色就不一	10分鐘	

樣。不論是大、是小、是強、是弱，做完一生
中該做的事情，就會變成落葉，沒人知道是哪
一天。總有一天樹也會死，但是生命永遠存
在。

5.有一天最後一片葉子放手了，微笑的說，暫時
再見了。春天了，落葉不會再回來了，可是生
命一直都在。老樹爺爺微笑著，繼續等著另一
群新生命的到來。

6.這個故事作者李奧，是充滿喜悅的人。他的一
生讚揚愛和生命中美好的事物。他曾留下一句
名言：「花一分鐘憂傷，就少一分鐘快樂」。

結論：

1.有人在接觸大自然，認識大自然，發現大自然
的奧秘之後，發覺一生中，最期盼獲得的禮物
是「慈悲」與「智慧」，你認為大自然這位老
師，讓他體悟到什麼嗎？試想，一個植物就是
一個生命，每個生命都是造物主造的，不會無
中生有，當然也不會消失，所以我們的每一部
分將會變化成為宇宙的某一部分，與地球融為
一體。所以，在地球上的我們，和眾生和平相
處，就可以達到「你好、我好、大家都好」的
境界。

2.工作、休閒和學習中，處處都會遇到困難，卻
在處處得著智慧，你的生活中有沒有曾經碰到
什麼事，讓你在困難中得著智慧。遇到的困
難，是人生的功課，是上帝、上天給的功課，
每一個人的功課都不一樣，但是「終老」見主
面時，都要交出成績單，交代一聲中所經歷的
功課，是如何完成的。

3.很多人以為，到廟宇或教會時，虔誠就好，一
旦走出神聖的殿堂，就原形畢露，面目可憎，
我們想一想，神充滿在每一個空氣中的細小分
子裡，聽著我們說的每一句話，看著我們做的
每一件事，像母親或父親一樣，期待我們變
好，身心靈都健康，但是我們有沒有好好照顧
自己身心靈的健康。

4.這就好像自己當學生的時候，老師叫我們好好
讀書，我們都聽不下去。直到有一天，自己當

了老師,才知道,底下的學生也不會聽老師的,是一樣的意思。 思考: 聖經裡提到:「一粒麥子落在地上死了,才能長出許多麥子來。」,從這句話和一片葉子落下來的故事,對你的生命有什麼啟發?		
【學習方案17-4冰原歷險記】 1.一組8人,每組拿二張全開報紙。所有的北極熊都要站在報紙上。 2.拿到正面的,增加四分之一的紙。 3.拿到負面的,減少二分之一的紙。 4.題目卡內容: 　(1)常常買新的文具(沒有必要卻很想要)。拿到負面的,減少二分之一的紙。 　(2)購買進口的蔬菜。拿到正面的,增加四分之一的紙。 　(3)搭大眾交通工具或共乘。拿到正面的,增加四分之一的紙。 　(4)常開冷氣。拿到負面的,減少二分之一的紙。 　(5)購買當季當地的蔬菜。拿到正面的,增加四分之一的紙。 　(6)看電視同時上網。拿到負面的,減少二分之一的紙。 　(7)隨身袋環保購物袋。拿到正面的,增加四分之一的紙。 　(8)用免洗餐具。拿到正面的,增加四分之一的紙。 結論: 冰河時間,北方物種因為避寒南遷,讓台灣成為新物種的故鄉,311南亞海嘯之後,大家發現全球暖化的問題在台灣也嚴重的影響著全球的生活,台灣的溫室氣體排放量成長率是全球的2.4倍,讓台灣這小小寶島,即將面臨國際譴責,北極熊因為融冰,產生生存的危機。這都是人類過多的物慾生活,造成的大自然的反撲,可見我們應該每日反省,處處反思,如何讓自己成為一個有存在價值,不破壞地球的友善公民。	10分鐘	紙8開4張、題目卡

思考： 1.當我們對地球友善的時候，對我們是好的。 2.下次買東西的時候，要先想一下，是需要還是想要。 3.希望大家都做一個環保尖兵。		
【學習方案17-5生命的答案誰知道】 1.請學員們閉上眼睛，想一想，從小到大，抱怨過多少次，被氣過多少次，傷心過多少次，多少次眼淚往肚子裡吞，沒人可以說，悶在心裡多少事情，都是不吞忍就會吵起來的場面，但是生命中的苦，是自己造成的，還是上天造成的，我相信，是我自己。 2.種地瓜葉的時候，土壤的好壞決定地瓜葉的生長，好的土壤讓地瓜葉發揮最大的能力，枝繁葉茂，不好的土壤，地瓜葉不但長的不好，有的一天就枯萎了。 3.地瓜葉有生命，植物吐出氧氣，讓人類得以生存下去，但是當植物越來越少的時候，少到無法呼吸的時候，該怎麼辦？是要等到那一天到來再想辦法，還是從現在開始，我們每一個人從自己做起，改變自己，少用電，不浪費水電，少用塑膠袋，對環境的保護，做一點個人的行動。 4.別忽略了體內也是要做環保，可以做的包括多吃蔬食、多運動、響應週一無肉日、市內種植綠葉植物等，都是身體力行的好表現。 結論： 1.植物是需要愛和呵護的，適當的水分也是不可少的。 2.人也是一樣，是需要愛和呵護的，適當的水分也是不可少的。 3.土壤就好比我們的心靈，你給他對的東西，他自然就健康又快樂長得好。 思考： 「眼前的黑不是黑、眼前的白不是白」，這句話的涵義是什麼？給你什麼樣的啟發和感想呢？	10分鐘	

【統整與總結】 生命中存在的許多答案，可以從大自然中找到，人類是智慧的，還是自私的，都需要有人一步一步帶領。靈性健康，說白話一點，就是做到你好，我好，大家都好，不用到天上，就可以在地球上過快樂的生活，這才是追尋真我、真理的終極目標。	5分鐘	
評量方式	你的幸福指數 1～5分，1是最不幸福到5的非常幸福。	
週間作業	1.做「瓶中信」。回家找一個小瓶子，和一張空白的小紙條。 2.紙條上寫下你想要和你所信仰的神怎麼幫助你幸福快樂。 3.然後你要怎麼做。 4.然後，把紙條放在瓶子裡。 5.心情不好的時候，看看瓶中信，記住自己還沒有達成目標，所以不要傷心和放棄。 6.一年後再打開來看看，相信會有改變。	
課後檢討	活動的進行，需要時間的掌控，但是在安全的考量之下，時間可以稍作調整。	
注意事項	這堂課結尾時會比較感傷一點，要注意學員情緒反應，適時給予安慰。	
參考資料	最後一片葉子，教育部數位教學資源入口網，https://isp.moe.edu.tw/resources/search_content.jsp?rno=1624041 一片葉子落下來，http://www.youtube.com/watch?v=j9uIpkA2fzY	

單元活動設計第18堂

單元名稱	愛的真諦		
適用對象	55歲以上民眾		
活動時間	50分鐘	參與人數	32人
使用教材	1.聖經和合本 2.母親節組曲 3.你是我的孩子劇本		
活動目標	1.尋找真理出處 2.以戲劇表演闡述信仰與生命的連結 3.配合母親節歌曲體會神與人的關係		
活動流程之內容設計		時間	活動資源或器材
【開場白】 請翻開聖經。		5分鐘	麥克風
【學習方案18-1愛的真諦】 〈愛的真諦〉（歌詞在聖經哥林多前書13章4到8節）。（見備註一）		10分鐘	
【學習方案18-2愛真偉大】 練習母親節表演活動的組曲。（見備註二）		10分鐘	
【學習方案18-3你是我的孩子】 劇本大致如下： 角色有姊姊、媽媽、爸爸、弟弟、同學、撒旦。 第一幕：一人吃早餐。 第二幕：同學和姊姊分享信仰與生命的對話。 第三幕：姊姊、媽媽、弟弟、同學開車出去玩發 　　　　生車禍，準備進入天國。 第四幕：媽媽和撒旦的對話。 第五幕：媽媽找到了自己的信仰。		20分鐘	
【統整與總結】 今天是母親節，在這偉大的節日，祝大家母親節快樂。		5分鐘	
備註一	〈愛的真諦〉 　愛是恆久忍耐又有恩慈　愛是不嫉妒 　愛是不自誇不張狂　不做害羞的事 　不求自己的益處　不輕易發怒 　不計算人家的惡　不喜歡不義只喜歡真理 　凡事包容　凡事相信　凡事盼望 　凡事忍耐　凡事要忍耐　愛是永不止息		

備註二	【母親節表演組曲】
	〈心肝寶貝〉
	（前奏8拍）
	輕輕聽著喘氣聲　心肝寶貝子
	你是阮的幸福希望　斟酌給你晟
	望你健康　望你知情　望你趕緊大
	望你古錐　健康活潑　毋驚受風寒
	（間奏8拍）
	〈寶貝〉
	我的寶貝　寶貝　給你一點甜甜
	讓你今夜都好眠
	我的寶貝　寶貝　逗逗你的眉眼
	讓你喜歡這世界
	嘩啦啦啦啦啦　我的寶貝
	倦的時候有個人陪
	唉呀呀呀呀呀　我的寶貝
	要你知道你最美
	（間奏8拍）
	〈天下的媽媽都是一樣的〉
	天下的媽媽都是一樣的　天下的媽媽都是一樣的
	不管太陽升起　不管夕陽它又落西
	為了我們妳犧牲了自己　我永遠不會忘記
	將來有那麼一天　我把太陽高高升起
	掛在妳永遠滿足的笑意裡　媽媽我愛妳
	天下的媽媽都是一樣的　天下的媽媽都是一樣的
	〈推動搖籃的手〉
	還記得小時候靠著您的懷抱，聆聽著您叮嚀成功時別自傲。
	還記得那一次您為我 著淚，告訴我倒下後自己站起來。
	媽媽呀，沒有您，哪有今天的我，
	媽媽呀，您卻已白髮蒼蒼留歲月的痕跡。
	握著媽媽的手，我心中多溫暖，
	您的辛勞，我心存感恩。
	是您這一雙推動搖籃的手，
	晃呀晃，晃走您的年華，換我的幸福。
	長大後還會想您當年的叮嚀，
	知道您會受傷卻為我而堅強，
	是因為您付出讓我清楚明了，
	奉獻與包容是最究竟的幸福。
	媽媽呀，謝謝您，把最好給了我，
	媽媽呀，因為您，我確定自己一生的方向。

第二節　高齡健康促進學習方案──機構住民

　　隨著社會變遷及整體經濟結構的轉變，以往主要以人力從事工作的農、工時代漸漸被電腦科技產業取代，人類開始了現代才有的低頭族文化；再加上現代人的工作壓力及坐式的生活型態，使得慢性疾病，像是高血壓、糖尿病等，其發生年齡有下降的趨勢，且這些疾病都會導致身心障礙的併發問題，並導致大量的社會成本投入長期照護需求端。再者，隨著科技、醫療的進步，台灣自1994年邁入高齡化社會之後，老人人口已經超過台灣總人口的7%。2010年之後，65歲以上的老人人口更達到10.7%，共有248萬7,893人，老化指數上升至68.6%，近三年間大升10.5個百分點。台灣2010年零歲平均餘命估計為79.24歲，其中男性為76.15歲，女性為82.66歲（內政部，2011）。老人人口比例逐年增加，需要更多元、全方位的關照。

　　近年來我國有關高齡者的照護機構的相關議題，已經從追求照顧服務，轉為追求工作人員及住民生活品質的提升（陳美蘭、洪悅琳，2012）。而政府方面，也積極制定可遵循之指標，就是機構工作人員身心健康維護措施的評鑑指標，此為內政部於102年的老人福利機構評鑑實施計畫中，在項次A2.6中明文規定，新增工作人員權益相關制度訂定及執行情形，其中包括「身心健康維護措施」的基準說明，文件檢閱項目包括「身心健康維護措施，係指如聚餐、旅遊、紓壓講座、健康操等」（內政部，2012）。而對於身心障礙機構對工作人員身心健康維護措施雖沒有明文規定，但機構亦可參考身心健康維護措施，舉辦合適的工作人員身心健康維護活動。

　　由於台灣社會高齡老化比率日益升高，老年相關的議題也漸受

重視及關注；先進的國家對身心障礙者的各種研究也行之有年；但對身心障礙機構的研究卻很少看到。本研究即以身心障礙中心之養護型長期照顧中心為實施場域，為了要達到提升機構工作人員及志工的全人整體健康，設計一套整合身心靈平衡發展的課程。住民身心靈全人照顧的落實，社工對住民及家屬的關懷，每日團康活動的設計規劃、帶領，是社工及住民福利。提升照服品質的議題，應藉由不斷的研究，得以延續發展，找出符合住民期待的照護及健康促進計畫，實現機構內在地老化的理念（陳美蘭等，2012）。機構工作人員的身心靈健康，往往與影響身心障礙住民照顧服務的品質，息息相關。這些工作人員所要照護的對象，是具肢體障礙、心智障礙或多重障別身分的身心障礙者，所要付出的心力及承受的壓力，是可想而知的。故本研究以機構工作人員為研究對象，以全人整體健康的觀點出發，設計一系列多元學習方案；希望透過多元學習的介入，幫助工作人員紓解工作壓力，促進機構工作人員的全人整體健康，提升長期照顧機構工作人員的工作效率及身心障礙老人照顧服務滿意度，進而幫助工作人員提升工作動力，降低人員流動率，減低單位營運成本，達成最佳工作效能，完成非營利事業組織的使命和目標。

失能者學習方案設計，參考以下相關文獻設計。

一、身心障礙機構工作人員服務品質提升

從機構中被照顧者的特性來看服務品質的提升，台灣的身障機構和一般養護機構的不同，除了各職務執掌者的任用資格、人力配置比例不同之外，還有多一項教保員職務的設置。機構中被照顧者

之身心障礙別產生的原因，以時間點和導致障礙的持續性，可大致區分為因年老發生障礙、中途發生障礙者，及自幼發生之發展性障礙三類（孫健忠，2003）。目前身心障礙機構中45歲的住民就稱為老人，照顧上也比較辛苦，因此，多元學習方案導入身障機構，對工作人員而言，更加有其開辦的必要性。

從機構的教保員工作內容來看服務品質的提升，教保員主要是要幫個案寫個別化的教導學習計畫，針對每一個個案個別化發展帶領課程，教保員的目標是為住民塑造一個正常化的生活，這是教保員主要的工作內容。從評估到後面的訂定目標，不同的個案在同一個課程裡還是有不同的規劃與執行。所以對教保員來講，有課程設計規劃及備課能力專業技能的需求。在台灣，不同縣市的教保員，評鑑中所要求的工作內容也不盡相同，有時也要協助身心障礙人士生活照顧的部分。因此，教保員的服務品質提升，會依照各縣市評鑑規定的不同，而有不同的學習需求及壓力源（陳怡伶，2011）。

評鑑制度裡，身障機構的規定也比較嚴格。陳麗津、林昱宏（2011）的研究顯示，照顧服務員應該提升自身的生理、心理及靈性層面的自我實現理念。身心障礙福利機構應持續提供系統性、知識性、休閒性、輔療性、實務性的多元學習課程，以提升照顧服務員的工作能力與表現，如此才能進而強化照顧服務品質，達到機構的服務宗旨（陳美蘭等，2012）。由此可見，對身心障礙機構的工作人員來說，身心靈健康的提升更形重要。身障機構生服員須受過一百四十小時內政部生活服務員的訓練課程，上課中會另外學習如何照顧身障者及如何和身障者相處，近年來由於照顧服務產業人力需求的大增，生服員職務任用資格，已放寬到也可以聘用具有照顧服務員結業證明的照服員。

從靈性健康的角度來看工作態度及服務品質的提升，身心障礙福利機構因為是雙福機構，講求聖經中的福音和為身障人士爭取福利，因此，機構對工作人員的身心靈提升特別重視，工作人員通常都會自行參加早晨福音時間及靈修活動，也會在週間安排靈性成長活動，靈性成長對於身心障礙福利機構的工作人員非常重要，心靈的淨化和成長所產生的影響也日漸成形（徐成德譯，1999）。達賴喇嘛和霍華德‧卡特勒在《生活更快樂》（朱衣譯，1999）書中提到：「靈性健康和宗教信仰仍有些許不同，真正的靈性是一種心靈態度，可以隨時隨地修練，每一個宗教的目的也都是在幫助人們過著快樂的生活」。快樂是一種生活藝術，開啟快樂源的人，通常都比較具有抗壓性，對工作上產生的壓力與痛苦，會視為是一種功課。將人的心調好，用愛心散發溫和的和氣，並將愛傳播出去，世間才有希望，員工的自我要求及道德約束，也是幫助提升工作動力，降低人員流動率，減少單位營運成本，完成最佳工作效能，達成非營利事業組織的使命和目標的最佳方法（證嚴法師，2006）。

　　機構的品質確保應是行政、護理、社工及督考四大面向全面施行。品質管理系統運用在機構的品質提升方面，一般機構都採用組織內部品質控管機制較多。以內控機制方面來說，身心障礙福利機構多為自行運用相關的品質管理方法。機構內可透過全面品質管理、SOP標準作業流程、品質保證及品質指標等品質管理技巧，監測並檢視組織內部各項措施的結構、過程及結果的品質，進而協助機構維護提升照護品質，來完成品質管理的目標。因此，組織內成立運作良好的品質管理委員會是有其必要（張淑卿等，2010）。

　　各機構管理方法各有不同，員工對機構管理模式、住民對照護服務品質的滿意度及社會對政府高齡化政策的期待，服務品質的提

升已儼然成為現今的研究方向。參加機構內外的在職訓練，除了可以提升專業工作能力之外，也可視為是一種福利。綜合以上所述，從研究訪談中找出相關影響因素，加以分析及探討，進而找出提升照護服務品質的方法，讓機構可以依據品質標準修正其所提供的健康服務的內涵或過程也是本研究的目標（林麗嬋等，2010；陳美蘭等，2012；WHO, 1983）。

二、長期照顧機構工作人員身心健康維護措施

台灣地區長期照護服務的監督和管理，主要透過「社會福利體系」與「醫療服務體系」兩大行政體系主管。內政部（2011）的統計即指出，國人長期照顧身障者的方式仍以居家照護居多，但因為社會迅速的變遷、家庭結構的改變等因素，使社會不得不重視身障老人安養的問題，未來社會將有長期照護需求的趨勢。內政部社會司於102年的老人福利機構評鑑實施計畫中，明文規定工作人員「身心健康維護措施」，包括「聚餐、旅遊、紓壓講座、健康操等」（內政部，2012）。上述文獻顯示，工作人員的身心健康維護，可以由講座、健康操、多元學習課程等的介入，來提高機構工作人員的身心靈健康。

失能者學習方案設計，主要參與對象為機構住民，或居家照顧服務之被照顧者，對機構教保老師、社工、組長、督導，以及居家照顧服務實務工作者適用。規劃機構住民、工作人員和志工一同參與課程學習，除了可增長志工個人的生命意義信念之外，也提供工作人員社會參與互動學習的機會（黃琢嵩、陳美蘭和洪悅琳，2013）。研究發現顯示，全人整體健康取向之多元學習課程，對長

期照顧機構工作人員身心健康維護措施的施行，有正面幫助，也符合內政部於2012年頒布的機構評鑑指標方向。全人整體健康取向之多元學習課程，對工作人員的生理、心理、靈性、社會和情緒五個面向的健康有顯著影響。

對機構的工作人員來說，工作之餘要再找時間學習新事物，是不太容易執行的事，而此多元學習方案，是在工作時間可以參與的課程，多數的工作人員都覺得是一種福利，也覺得若是可以和住民一起學習，就可以一邊工作一邊學習，是一個值得延續開辦的課程，對於增進和住民的互動，有正面的幫助。參與者對健康操等養生保健的手腳活動較有興趣，多數認為多元學習方案對其各面向的健康有幫助，也可以達到自我保健、自我照顧的目的。在十八單元的課程結束後，可以明顯地從參與者的臉上看到愉悅的笑容。課程的進行，不但幫助到工作人員，對被照顧者也有益處，因此，也直接影響到住民對照顧服務滿意度的提升。讓機構可以依據品質標準修正其所提供的健康服務的內涵或過程也是本活動方案設計的目標（林麗嬋、吳婉翎、翟文英，2010；WHO, 1983）。全人整體健康取向之多元學習課程，對身心障礙機構工作人員服務品質提升有顯著影響，參加機構內外的在職訓練課程，除了可以提升專業工作能力之外，也可視為是一種福利。

針對亞健康或失能者而言，任何一種活動都是與他人互動的機會。對機構的工作人員來說，藉由陪伴住民一起參與活動課程，也是一種學習機會與紓壓方式，亦是身心靈健康提升的方法之一。

本研究發現，藉由多元學習方案的介入，工作人員的全人整體健康有顯著提升，其中包括了生理、心理、靈性、社會和情緒五個面向。全人整體健康學習方案之設計，不但提供機構工作人員全

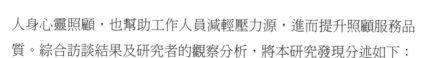

人身心靈照顧，也幫助工作人員減輕壓力源，進而提升照顧服務品質。綜合訪談結果及研究者的觀察分析，將本研究發現分述如下：

失能者學習方案設計在全人整體健康的影響方面，分為生理、心理、靈性、社會和情緒五個面向說明。

(一)在生理方面

課程特別著重在生理健康方面的需求，也覺得拼貼學習可以減緩腦部退化，所以非常需要學習。特別為此課程設計的瑜伽動作及健康操，也受到所有參加者的認同。大多數參與者非常想要學習健康促進自我照顧及健康操運動，年齡較輕的志工，對健康操和飲食計畫比較沒有興趣。健康操活動可以促進身體健康，改善生理機能，提升免疫能力及提高生活品質。從事適當的運動及規律的活動，不但能改善各種生理機能之外，還能預防疾病及改變生理的適應能力，對生理健康有正面及實質的幫助（王佳瑜，2009）。

(二)在心理方面

在心理方面，彩繪拼貼創作等藝術輔療對健康心理非常重要。藉由歌唱紓壓，都會受到高齡者熱烈的回響，周文欽（2006）認為要改變健康行為，態度取向藉由教育訴求，及以健康信念模式達到健康促進行為，都可以自覺存在之負面影響因素，進而採取行動修正改善行為。

(三)在靈性方面

對於身心障礙者而言，宗教在生活中所占的地位，大多數人覺得重要。對自己目前整體生活狀況，學員們也覺得滿意。宗教信仰

及靈性成長對大多數的人來說，仍然有許多需要成長的空間。身障中心本著雙福音和福利，做著各項服務，每天在工作中心工作的人員、住民、家屬和其他志工，也都可以一起唱詩歌、一起禱告，在靈性成長方面，中心裡的人確實比起其他機構的人，在靈性成長與自我實現方面，更容易實現。心靈饗宴課程裡所分享的，一起互動的感恩活動，也較能引起共鳴。藉由靈性成長課程的介入，轉化學習的內化，進而提升參與者的幸福感。靈性成長課程，運用實施與評價方式，以各種靈性介入策略引發個案靈性探索，靈性健康與促進正向健康結果與減緩負向健康結果有關，與蕭雅竹、簡麗瑜和李香君（2009）的研究發現相同。

(四)在社會方面

以參與志願服務的頻率來看，住民經常參與的人數和機會並不多，對自己社交人際狀況，身障者感受滿意的程度都算尚可。經由課程學習後，身為志工的參與者，會感受到當志工確實能增進人際互動、學習感恩並服務他人，也感受到思考生命的意義與價值的重要，並瞭解自己珍惜未來是需學習的，對自己的人生也有幫助。志願服務投入與工作表現及行為確實均有正向顯著影響關係（洪瑋聯，2008）。

(五)在情緒方面

團康活動中之愛的抱抱、感恩致謝活動，都是訓練情緒管理的方法。參與者的情緒管理、情緒表達、情緒調整等，可以作為情緒智商的指標。此與葉玟秀（2010）的研究結果一致，包括「情緒智慧對工作壓力有顯著負向影響；工作壓力對身心健康有顯著負向影

響；情緒智慧對身心健康有顯著正向影響」。

以上顯示全人整體健康取向之多元學習課程，對參與者的生理、心理、靈性、社會和情緒五個面向的健康有顯著影響。

樂活新生活課程表之單元主題、課程內容及相關知識，如**表6-1**所示。其中之歸類，說明1代表生理（physical）方面，2代表心理（psychological）方面，3代表靈性（spiritual），4代表社會（social）方面。課程進行方式如下：

表6-1　課程單元主題分類表

單元	歸類	單元主題	課程內容／相關知識
1	1	相見歡、樂活蔬食	影片分享
2	1	有機護地球	健康飲食資訊
3	1	瑜伽(一)	大腦瑜伽
4	1	瑜伽(二)	養生瑜伽
5	1	瑜伽(三)	手足瑜伽
6	1	瑜伽(四)	生活保健瑜伽
7	2	彩繪人生(一)	簡易生活彩繪
8	2	彩繪人生(二)	創意生活彩繪
9	2	生活創意DIY(一)	拼貼彩繪藝術創作
10	2	生活創意DIY(二)	蝶古巴特創意拼貼
11	2	園藝輔療	創藝幸福、盆栽種植
12	1	健康操	歡唱團康活動、養生健康操
13	3	健康促進、心靈饗宴	照護計畫、宗教金句分享
14	4	志願服務 戰勝老化	瞭解志工服務 體會生命意義與存在價值
15	4	環保與生態 食品衛生及環境安全	環保與生態議題 瞭解食品衛生及環境安全
16	3	電影與生活	生命故事影片賞析
17	3	生命光碟、電腦與生活	生命故事敘說、相片製作
18	2	團康活動、成果展	愛的抱抱及感恩致謝活動 快樂下午茶成果發表會

第1單元是相見歡及影片分享，活動包括自我介紹時間、觀看國外銀髮族生活影片、填寫資料、有獎問答活動。

　　第2單元是吃出健康卡洛里、飲食計畫，活動包括邀請慈心有機農業發展基金會的專業講師，分享吃蔬食、種樹救地球活動等資訊，也教學員認識六大類食物、學習BMI計算及運動處方的計算方法。

　　第3～6單元是瑜伽課程，活動包括學習各式瑜伽養生運動、各式瑜伽大腦保健、預防老化運動、各式瑜伽身體自我保健運動。

　　第7～10單元是生活彩繪，此活動與住民一同創作，講師發給每位學員拼貼材料，依老師指示，一起互動完成作品，達到藝術輔療的功效。生活創意DIY活動包括創作蝶古巴特拼貼創作，用環保的方式，完成各式創作品及環保素材成品。

　　第11單元園藝輔療，利用種植學習瞭解自己及生命的意義。

　　第12單元是健康操、團康活動，活動包括學習養生健康操、歌唱娛樂時間。

　　第13單元是心靈饗宴活動，活動包括分享宗教金句、靜思語、座右銘，與大家分享淨化人心的話語。

　　第14單元志願服務，志工分享志願服務的意義及志工工作，讓學員體驗服務他人的志願服務，鼓勵學員與他人互動。

　　第15單元是食品衛生及環境安全、環保與生態，活動包括準備塑膠用品，讓長者認識致癌物學習在生活中避免使用。

　　第16單元是電影與生活，活動包括藉由電影賞析，分享觀看後的心得。

　　第17單元生命光碟、電腦與生活，藉由生命光碟故事敘說，分組討論並完成自己的故事。講師並將為期兩個月上課活動花絮製成

播放影片,播放給學員回憶兩個月來的共同幸福記憶。

第18單元是團康活動及成果展,活動當日提供快樂下午茶餐,鼓勵參與者選擇健康取向的營養餐點。同時舉辦小型成果展,邀請志工團隊及社會服務社團,一同參與結業式。

失能者學習方案在開課之前,由於機構住民人數較多,建議先依照下述之準備事項,做充分的開課前準備。開課前準備事項,包括確認開課時間、問卷填寫、課前會議(老師、主任、社工、護理長、照服員等)、教案準備、材料準備、講師名冊、學員名冊、名牌、簽到表、滿意度問卷調查表、財務報表(收入、支出)、小贈品、學員獎狀、講師感謝狀、器材準備(光碟片、CD Player、麥克風、相機)、場地布置、桌椅、活動海報等。

另外,非營利機構可以事先對外募得教材、教具、餐點、講師費等費用,減輕單位負擔及成本開支。可以使用贊助單位一覽表,來瞭解贊助項目。

下列**表6-2**為贊助單位一覽表,**表6-3**為工作人員基本資料及觀察表,**表6-4**為樂活新生活課程學員名單;並提供樂活新生活課程之活動企劃書範本,可作為實務工作者撰寫活動企劃時之參考。

表6-2　贊助單位一覽表

NO	贊助單位	電話	贊助項目名稱	數量	感謝狀寄出地址	備註
1						
2						

老人身心靈健康體驗活動設計

表6-3　工作人員基本資料及觀察表

No	姓名	性別	年齡	年資	參加課程 單元									上課氛圍	發言情形	學習興趣
					1	2	3	4	5	6	7	8	9			
					10	11	12	13	14	15	16	17	18			
1																
2																
3																
4																
5																
6																

班級：＿＿＿＿＿

（上課氛圍、發言情形、學習興趣三大項，以數字表示，1表示不好，2表示普通，3表示好）

表6-4 樂活新生活課程學員名單

序號	姓名	性別	年齡（國曆）	身心障礙證明類別（新制）類別及代碼	身心障礙手冊（舊制）			入住日期	有無應注意事項
					身分	中低	低收	重大		
1										
2										
3										
4										
5										
6										
7										
8										
9										
10										

活動企劃書範例

樂活新生活課程

主辦單位：○○基金會

　　　　　○○中心

協辦單位：○○社團

活動時間：民國○年○月○日至○年○月○日

　　　　　每星期一下午15:00～16:00

活動地點：○○市○○路○○號

目　錄

壹、緣起

隨著科技、醫療的進步，台灣自1994年邁入高齡化社會，老年人口比例也逐年增加，台灣社會也開始需要更多元、全方位的關照。高齡者如何活得久、又健康，成為各界關心的問題。因此，○○社贊助○○中心開始為期18週的多元學習課程，命名為「樂活新生活課程」。本課程從全人整體健康（holistic health）的觀點切入，希望透過一系列適合老人的學習方案，注重老人身體、心理、社會及靈性四方面的成長，以提升老人全人整體健康為終極目標。

貳、目的

(一)身體方面

1.透過認識食物熱量及飲食計畫，提升長者對有機飲食及生態保育的瞭解，幫助長者選擇個別化膳食和健康營養的快樂餐。

2.透過健康操和瑜伽，學習自我療癒方法，達到運動保健功效。

3.藉由學習及瞭解抗老化資訊，鼓勵長者自我照顧。

(二)心理方面

1.彩繪活動，是一項生活藝術的創作，可以讓長者感受到藝術之美，透過創作與內心對話，藉由創作，讓身心靈相互調和。

2.利用手工**DIY**拼貼創作過程，減緩長者腦部的退化，以利活化其功能。

(三)社會方面

1.分享志願服務，鼓勵長者思考社會參與的價值，提供長者社會參與活動，增進人際互動。

2.透過閱讀瞭解環境安全新知，學習維護大自然，感受生態保育及環境保護的重要性。

(四)靈性方面

1.利用宗教金句分享，及輔助療法，提升長者靈性成長，達到身心靈合一的境界，提升全人整體健康。

2.利用生活相片製作過程，回想過去的經驗，珍惜未來人生，重新思考生命的意義和存在的價值。

參、目標

1.參加人數達50人。

2.提高○○社的公益形象。

3.提高社友公司曝光率及公益形象。

肆、活動內容

一、主辦單位：○○基金會○○中心

二、協辦單位：○○社

三、活動時間：民國○年○月○日 至○月○日

四、活動地點：○○市○○路○號

五、參加對象：

1.身心障礙長者。

2.照顧身心障礙者之工作人員。

3.志工。

六、參加人數：50人。

伍、行動架構

一、人力配置

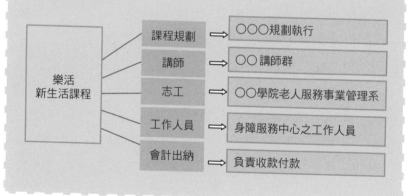

二、職責分派

    1.課程規劃：○○○規劃執行。

    2.講師：新北市松年大學講師群協助擔任本次課程講師。

    3.志工：○○學院老人服務事業管理系招募學生志工。

    4.工作人員：課程期間隨時注意長者的身體狀況。

    5.會計出納：負責本次活動的收款及付款。

陸、行動方案

    1.第一單元：相見歡、影片分享

    2.第二單元：吃出健康卡洛里、飲食計畫

    3.第三單元：瑜伽(一)

    4.第四單元：瑜伽(二)

    5.第五單元：瑜伽(三)

    6.第六單元：瑜伽(四)

    7.第七單元：健康操、團康活動

    8.第八單元：生活彩繪(一)

    9.第九單元：生活彩繪(二)

    10.第十單元：生活創意DIY

    11.第十一單元：心靈饗宴活動、音樂輔療

    12.第十二單元：健康促進

    13.第十三單元：電影與生活、生命光碟

    14.第十四單元：志願服務

    15.第十五單元：電腦與生活、生活相片製作

    16.第十六單元：食品衛生及環境安全、讀書會、環保與
      生態

    17.第十七單元：戰勝生理老化

18.第十八單元：健康飲食調理、成果展

柒、宣傳方式

1.○○中心公布欄張貼活動海報。

2.活動海報電子檔JPG檔上傳至主辦單位網站及部落格。

3.○○社網站及FB臉書分享連結。

4.相關企業FB臉書分享連結。

捌、活動進度時程（甘特圖）

主要執行事項	日期				
	11/1~11/20	11/21~12/3	12/3~12/31	1/1~1/28	2/1~2/8
課程規劃	→				
企劃書撰寫、提案		→			
場地勘查	→———	→			
召開籌備會議	→———	→			
相關企業邀請	→				
宣傳公布及製作		→			
報名及人數統計	→———	→			
活動物件製作		→			
活動場地布置		→			
邀請函印製及寄送		→			
貴賓邀請					
活動執行		→———	→		
結案事宜				→	→

玖、交通資訊

地點〇〇市〇〇路〇號

拾、場地配置圖

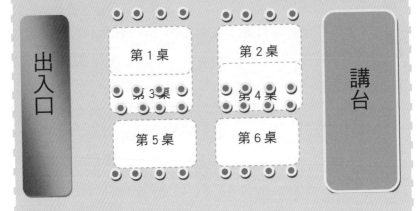

拾壹、經費預算

項目	項目明細	數量	費用
講師費		單元	
材料費		人	
保險費	活動保險		
雜支	礦泉水、餐盒		
	宣傳費、郵資、電話費等		
合計			

※備註：志工為志願服務，無費用支出。

拾貳、預期效益

一、活動滿意度達90%。

二、促進參加者社會互動。

三、達到環境教育及生態保育宣導的目的。

四、藉由多元學習方案，達到身心靈平衡的生活。

五、藉由彩繪及拼貼課程，協助身心障礙者創作義賣商品。

六、協助身障中心頂樓花園建置為園藝輔療地點。

拾參、活動備案及注意事項

一、若有緊急狀況發生時，依照機構之緊急事件處理流程處理。

二、戶外活動遇到雨天時，改在室內舉行。

三、當發布颱風警報或遇天然災害發生時，活動順延一週。

四、其他緊急事件，則先通知隨行主管及活動負責人，再進行後續處理。

五、注意事項：

1.尊重長者之意願，以不強迫為原則，鼓勵大家盡量參加。

2.活動座位安排需注意，動線要清楚，避免影響走動長者之出入。

3.活動進行時，宜注意長者之安全，以免在飲食時危害身體。

4.製作手工藝活動時，在操作較小物件和危險工具時，需謹慎小心，以免傷及長者。

5.活動進行時，請工作人員隨時注意長者身體狀況及保暖，並隨時注意長者的情緒反應，適時給予鼓勵及讚美。

　　表6-5為樂活新生活課程表，課後可以發給參與者觀察紀錄表和課程滿意度調查表及回饋單，感想與建議為開放式作答方式，若住民不方便填寫，可以由教保老師或照服員等工作人員，協助填寫（**表6-6**至**表6-8**）。

表6-5　樂活新生活課程表

週次	單元	單元主題	課程內容／相關知識
1	1	相見歡 影片分享	銀髮生活影片分享
	2	吃出健康卡洛里 飲食計畫	認識食物卡路里、理想體重計算 認識有機食物
2	3	瑜伽(一)	大腦瑜伽
	4	瑜伽(二)	養生瑜伽
3	5	瑜伽(三)	手足瑜伽
	6	瑜伽(四)	生活保健瑜伽
4	7	戰勝生理老化	皮膚護理 手足保養
	8	彩繪人生(一)	簡易生活彩繪
5	9	彩繪人生(二)	創意生活彩繪
	10	生活創意DIY	蝶古巴特創意拼貼製作環保袋
6	11	園藝輔療 環保與生態	輔助療法 環保與生態議題角色扮演
	12	食品衛生及環境安全 讀書會	瞭解食品衛生及環境安全 讀書心得分享
7	13	電腦與生活 生活相片製作	學習簡易電腦操作 製作生活相片
	14	健康操 團康活動	養生健康操 社團舞蹈時間
8	15	志願服務 銀髮志工	瞭解志工服務 心得分享
	16	健康促進 心靈饗宴活動	自我照護計畫 宗教金句分享
9	17	電影與生活 生命光碟	電影欣賞 生命故事敘說
	18	健康飲食調理 成果展	營養快樂餐 成果發表會

課程時數：1小時×18單元=18小時（共九週）每星期一下午15:00～16:00

表6-6　觀察紀錄表　　　　　　　　姓名：_____　編號：____

項目 ＼ 滿意度	非常滿意 5	滿意 4	普通 3	不滿意 2	非常不滿意 1
課程內容					
上課教室					
講師					
教材					

表6-7　課程滿意度調查表及回饋單

項目 ＼ 滿意度	非常滿意 5	滿意 4	普通 3	不滿意 2	非常不滿意 1
課程內容					
上課教室					
講師					
教材					

表6-8　感想與建議

您對課程的意見或建議	
活動心得	
觀察記錄	

非營利組織可以經由合作之志工隊，或是產學合作之學校相關系所或志願參加服務的學生，提供志工登記表（**表6-9**），以利志工之招募及人數之確認。相關人員於活動結束日後，給予志工時數證明或志願服務時數證明。對在校的學生而言，可以增加其服務學習的機會。

表6-9　志工登記表

編號	姓名	電話	e-mail	年級
1				
2				
3				
4				
5				
6				
7				
8				
9				
10				

工作時間：○月○日至○月○日（每星期一下午共9週）15:00～16:00
工作內容：○中心　樂活新生活課程
地點：○市○路○號（○○附近）
課程內容：瑜伽健康操、園藝、彩繪、蝶古巴特拼貼、手足保養、有機蔬食、電影欣賞
福利：有志工證明
聯絡人：○○學院○○老師

　　經歷將近十八單元在身心障礙福利服務機構實施的樂活新生活課程，可以感受到住民把機構當作是另一個家，主任是機構的大家長，為工作人員和身障者提供失能者學習方案，讓這個家的成員在

身、心、靈方面，皆能更健康快樂，進而達到全人健康的境界，是身為大家長的主管，應該投入心力的學習模式。要提升機構這整個家庭成員的全人健康，則身心靈這三方面是環環相扣的，需一起提升才能有效達到全人健康的目標。機構應注重工作人員及被照顧長者的全方位全人健康，包括生理、心理、社會、情緒、靈性等層面的幸福感（洪悅琳，2009）。參與者們可以從環保生態課程中獲得外界的新資訊、從簡易健康操提升自我效能感、從保健瑜伽增強生理機能、從藝術課程舒緩心理壓力、從生命課程（宗教金句、志願服務）得到靈性的滿足及學習社會參與，從情緒管理課程，提升情緒智商及工作認同感。若能長期安排相關的「樂活新生活課程」，對其全人整體健康必有極大的助益。

　　本活動方案設計以音樂結合律動體操，設計高齡音樂律動體操，期許此學習活動，能幫助高齡者以及行動不便者互動，提升其體適能活動之參與意願，增進高齡者身心靈健康為目標。高齡活動設計原則和技巧：本活動方案設計之目的，著重探討高齡活動設計理念和技巧，以及活動設計之注意事項，以高齡音樂律動養生體操為每日運動，讓長者享有幸福健康的銀髮生活。

 ## 第三節　高齡健康促進學習方案——讀書會運用

　　依據第一章所述，本書提供欲探究高齡者在參與全人整體健康取向之靈性成長學習方案後，對學員是否有顯著影響者，一個學術研究、產學合作模組與實務專題研討方向。研究的探究含括：

　　1.身心靈健康體驗活動方案設計及帶領之分析與討論：設計、

評估、分析及討論全人整體健康取向之學習方案。

2.身心靈健康體驗活動方案設計對靈性健康提升的影響因素：靈性健康體驗學習方案實施後，對學員的影響；以學習回饋單探討課程對學員的影響；以樂活生活作業單協助學習者自我檢視靈性健康。

3.身心靈健康體驗活動方案內容之分析與討論：以教學互動、方案內容特色，探究實施方式；以休閒學習結合體驗活動，對學習參與率的影響。

4.身心靈健康體驗活動方案設計的反思：幫助學習者觀察、反思、檢視和改變，以學習者的回饋，作為對未來實施的學習方案取向，進行反思及評估。

在以文獻探討為基礎之下，本書可以協助後續研究者，深入探討國內外靈性健康議題之相關研究，分析並找出課程設計模式，設計適用於高齡者之身心靈健康促進體驗活動，並以提升靈性健康為終極目標。本書以高齡學習者為對象，以全人整體健康的觀點出發，設計一系列單元活動，希望透過高齡學習課程的介入，幫助參與者提升全人整體健康為依歸，藉以提升高齡學習者之學習成效，並提供後續研究者為高齡者身心靈健康之成長學習方案做更深入的探討。

推廣講師，主要是以一到三小時不等的時間，以讀書會、座談會、工作坊等方式，分享知識及資訊。以下分成讀書會、樂齡大學身心靈健康專題座談課程兩個部分說明。

(一)讀書會

1.參加對象：一般大眾。

2.活動內容：多元豐富，包括身心靈健康書籍閱讀、互動活動帶領、音樂課程、影片欣賞、環境教育演講、心靈成長演講、志願服務活動、戶外遊覽親近自然活動、下午茶等。

3.參加者費用：無。

(二)樂齡大學身心靈健康專題座談課程

1.參加對象：55歲以上長者。

2.活動內容：包括室內及室外高齡身心靈健康體驗活動。

3.參加者費用：視學校定價，大約每學期二千至四千元不等。

以下以楓秋之感、冬釀之觀、春芽之力、夏耕之能來設計前四週的讀書會內容。

單元名稱	楓秋之感（讀書會第一週）		
適用對象	一般民眾		
活動時間	180分鐘	參與人數	20人
使用教材	・靈性健康量表 ・樂活生活作業單 ・影片光碟		
活動目標	1.瞭解靈性健康的定義 2.學習提升身心靈健康的方法 3.閱讀書籍一同成長		
活動流程之內容設計		時間	活動資源或器材
【開場白】 1.為今天一天活動禱告。 2.今天是第一週，要先讓大家自我介紹。 3.讀書會第一階段事工重整與安排確認。		5分鐘	
【學習方案1-1烏克麗麗】 1.練習單音。 2.曲目是甜蜜的家庭和天天讚美。		30分鐘	

【學習方案1-2下午茶時間—生活大小事】 1.先玩相見歡遊戲。每一個人要說出自己的名字、住的地方和最喜歡的水果。 2.然後依序第一個人先說,接著,第二個人重複第一個人說的,再說自己的。 3.然後第三個人重複第二個人說的,再說自己的。 4.一直到最後一個人說完為止。 5.再來是分享這週最感恩的事。	15分鐘	
【學習方案1-3讀書會閱讀心得分享】 1.主要帶領者分享對書的內容(見備註一)。 2.主要帶領者分享對書的啟發(見備註二)。 3.瞭解樂活生活作業單的填寫方式。 4.解說靈性健康量表對靈性健康提升的重要。	30分鐘	
【學習方案1-4影片分享】 1.選擇生命教育有關的電影。 2.本週分享的是繼承人生。 3.討論DNR、預立遺囑。 4.家庭中的管教問題。 5.優渥的生活背後所產生的問題。 6.對面臨死亡的人的包容。 7.對環境開發的再思考。 8.分享影片觀後心得。	100分鐘	
評量方式	1.靈性健康量表(附錄九)。 2.樂活生活作業單(附錄二)。	
週間作業	1.完成樂活生活作業單和靈性健康量表。 2.如果12月31日是你生命中的最後一天,或是最後一次可以看到這些人,你想要為自己完成什麼,你想要關心哪些人? 3.執行30天關懷計畫。每天關心一個人。 4.閱讀第二部分。	
注意事項	1.靈性健康量表要影印。 2.要先準備影片光碟。	
參考資料	1.陳美蘭(2014)。《老人學習方案對靈性健康提升之研究:全人整體健康》。經國管理暨健康學院健康產業管理研究所碩士論文。 2.姜俊旻(2014)。《向下扎根的操練》。新北市:校園書房。	

| 備註一 | 【分享書的內容】 |

《身心靈健康之寶》閱讀心得第一部分（第1頁到第65頁）
書中的「萬物靜觀皆自得」、「傳遞生命智慧」，提到人生四命
程的生命真諦，意即生命、慧命、使命和聖命，可見作者對生命
過程的深切體悟。我個人認為生命包括身心靈三層面，慧命猶如
智慧、使命等同傳講真理，聖命即真理彰顯。整理如下表所示：

人生四命程的生命真諦	生命	慧命
	使命	聖命
獲得幸福的不二法門	身心靈健康	得著智慧
	用身與言傳講真理	使真理彰顯於人與人之間

修練好的靈，無意識會影響大腦有意識的心意，做正面「無形」
思維和「有形」行為。的確，當信仰為自己的良善建立了根基，
要相信禱告祈福後內心所發出來的聲音，那是日積月累的正向思
考所給的正面回應。
身為企業領導人，以企業主的思維來影響企業領導人的作為。對
企業整體、單一個人，都是善的循環的開始，讓人人健康快樂，
不正影響著存在這宇宙能量循環中的我們。我們人類猶如活在
大宇宙中的小宇宙，與大自然共生共榮，更應謙卑自己，虛懷若
谷。

| 備註二 | 【分享書的啟發】 |

一、閱讀心得分享
    1.作者的身心靈健康幸福智慧。
    2.聖經中的真理智慧。
    3.生活中的經歷與分享。
二、靈性健康四面向
    1.自己和自己、自己和他人、自己和自然、自己和神。
    2.身心靈健康、全人整體健康、靈性健康的定義。
三、靈性健康行動方案321
    1.每日三祈：三餐感謝禱告祈福。（自己與神）

	2.每週二探：每星期探訪二個朋友。（自己與他人）
	3.每日一句：每天找出一句話鼓勵他人。（自己與他人）
	四、健康人生引導員
	1.每日一事：每天做兩件神所喜悅的事。（四面向）
	2.每週二查：用樂活生活作業單檢視自己的靈性健康。（四面向）
	3.每年三省：用靈性健康量表，瞭解自己，改變自己。（四面向）
	五、課後學習
	1.請你說出靈性健康的定義。
	2.執行完樂活生活作業單後，有何感想。
	3.用靈性健康量表檢視完自己的靈性健康後，你認為要做什麼改變，靈性健康才能提升。
	4.執行靈性健康行動方案321後，你的靈性健康是否有成長？若有，請說明你如何做到？若無，請夥伴分享生活經歷供你參考。

單元名稱	冬釀之觀（讀書會第二週）		
適用對象	一般民眾		
活動時間	180分鐘	參與人數	20人
使用教材	• 簡式健康量表 • 影片光碟		
活動目標	1.瞭解讀書會的核心價值 2.週間作業見證分享 3.學習提升身心靈健康的方法 4.閱讀書籍一同成長 5.藉由生命教育影片觀賞，瞭解生命的意義與生活連結		
活動流程之內容設計		時間	活動資源或器材
【開場白】 1.週間作業見證分享時間，看看上週有哪些事發生或令人感恩。 2.藉由讀書會導讀書籍，瞭解讀書會的核心價值（見備註一）。		5分鐘	
【學習方案2-1烏克麗麗】 1.練習和絃。 2.曲目是〈月亮代表我的心〉。 3.預習有一天。		30分鐘	

【學習方案2-2下午茶時間—生活大小事】 1.說出三件事是你一生中最想做或還沒完成的事。其中一件是真的,兩件是假的(就是尚未完成)。 2.說的時候,要盡量讓夥伴猜不出來是真是假。 3.遊戲完成後,分享其中一個的感想(例如登上玉山高峰的經驗和感受,或是幫助癌症患者戰勝病魔,或是很想參加飢餓30禁食活動等)。	15分鐘	
【學習方案2-3讀書會閱讀心得分享】 1.主要帶領者分享對書的內容的啟發(見備註二)。 2.附上參考資料。 3.每一個人分享自己經常鼓勵他人或自己的名言或座右銘。分享為什麼選這個當鼓勵的話(例如施比受更有福、聖經金句或故事行為等)。	30分鐘	
【學習方案2-4影片分享】 1.選擇生命教育有關的電影。 2.本週分享的是逆轉人生 3.瞭解身障者的內心世界。 4.體會不同生活背景者的內心世界。 5.學會用不同的角度看世界。 6.分享影片觀後心得。 7.活動結束後,請夥伴彼此互動握手打招呼。	100分鐘	
評量方式	簡式健康量表(見備註三)。	
週間作業	1.下週閱讀第三部分。 2.思考十個討論和行動(見備註四),自己的答案和做法為何。 3.在今天討論與行動中,依照自己抽到的分享題目,回家重新思考,再做一份完整的計畫報告或分享。	
注意事項	1.簡式健康量表要影印。 2.要先準備影片。	
參考資料	參考書籍 1.古倫牧師(2009)。《擁抱老年新生活》。台北市:南與北文化。 2.張廣博(2014)。《身心靈健康之寶》。新北市:雅書堂文化。 3.渡部典子(2013)。《病由心生,醫病先醫心》。台北市:新自然主義。	

	4.何婉喬（2009）。《全人照顧理論與輔助療法之應用：靈性層面之照顧》。台北：匯華圖書。
	5.洪悅琳（2009）。《老人靈性健康之開展與模式探詢》。國立台灣師範大學社會教育學系博士論文。
	6.陳美蘭（2014）。《老人學習方案對靈性健康提升之研究：全人整體健康取向》。經國管理暨健康學院健康產業管理研究所碩士論文。
	7.趙可式（1999）。〈精神衛生護理與靈性照護〉。《護理雜誌》，第45卷第1期，頁19。
	8.Maslow, A. H. (1969). Theory Z. *Journal of Transpersonal Psychology*, *1*(2), 31-47.
備註一	【讀書會的核心價值】 1.這是一個提升全人整體健康（Holistic Health）為目標的讀書會。 2.讀書會藉由閱讀，將信仰和生命經驗結合，同心合一，以歡喜純潔的心分享，保持和睦的關係，在的需求與渴慕的人身上，種下真理的種子。
備註二	【閱讀心得分享】 作者以實踐聖賢格言來提升自己的身心靈健康。這些勉勵的言語，都是在引人正確的人生方向。有一句格言說，永續成長才是正道。與我信仰中學習的永生之道，公平正義之道，不謀而合。牧者常言，人不可能貪有世界之慾，又同時有永生之道。心靈的充實與滿足比物慾的短暫快樂要長久。人不可能如同神一樣完美，但是不斷的檢視自己，向神認罪悔改，是實踐的好方法。在我們得心中，種下美好的果實，對神連結，對人和樂，對自己反思更新，會結出仁愛、喜樂、和平、忍耐、恩慈、良善、信實、溫柔、節制的果實。書中提到好觀念就有好命運。也提出星雲大師人生十四轉的觀念，要大家轉迷為悟、轉苦為樂、轉邪為正等，也要轉變自我的生活態度，轉懶為勤。生人最大的敵人的確是自己，精神快樂，靈裡滿足。凡是對自己有益處的話語，用虛心誠心請教聆聽。我們人生的功課是自己選擇的，懂得付出、感恩與學習，勇敢接受神給的功課和試煉，完成生命中美好的使命，這不正是功德一件，得到上好福分的成果。 可以另外分享兩部影片，《幸福的記憶》和《生命之歌，不倒的蘆葦》。 1.幸福的記憶：當腦海中的回憶一片片掉落，不記得身邊最親愛的人，不記得生活中，習以為常的事物，甚至忘了名字，忘了你最心愛的一切……你要如何面對自己的未來？（摘自影片文章）

老人身心靈健康體驗活動設計

	2.《生命之歌，不倒的蘆葦》－蕭建華 ……，無論身處任何困境，不要輕言放棄。 要相信自己的無限可能，就可以找到更好的方法。 再給自己一次機會，多轉幾個彎，你將在轉角處看見希望。…… 生命最有價值的事情，就是以自己的生命，去帶動無限生命的奮起與活耀。 你存在的價值，將在另一個生命，因你而圓滿的時候彰顯。（摘自影片文章）
備註三	【簡式健康量表】

NO	檢測身心健康項目	完全沒有	輕微	中等程度	厲害	非常厲害
1	感覺緊張不安	0	1	2	3	4
2	覺得容易苦惱或動怒	0	1	2	3	4
3	感覺憂鬱心情低落	0	1	2	3	4
4	覺得比不上別人	0	1	2	3	4
5	睡眠困擾（難以入睡、易醒或早醒）	0	1	2	3	4
*	有自殺的想法	0	1	2	3	4

*檢測身心健康指數，最近一星期，以上敘述讓你感到困擾或苦惱的程度。

（5分以下健康，6～10分要注意，11分以上要找專業心理諮商）

資料來源：渡部典子（2013）。《病由心生，醫病先醫心》。

| 備註四 | 【討論和行動】
1.你生命中有哪些神的祝福。找一張紙，寫一個人的名字，你希望他在你身上感受到什麼。
2.你每天和神獨處十五到三十分鐘的時間。找一個和大自然親近的活動，而且這個活動，是任何年齡都可以參加的。
3.學習預立遺囑。今天，找一個朋友，表達關心和愛。
4.你有信仰或每週一次的靈修生活嗎？我們讀書會可以一起去做什麼，讓我們活出豐富美好的生命。
5.在你生命結束前，想為家人做些什麼。為大家禱告，並一起找一位老年人去探訪他。
6.你是有耐心溫和的人嗎？你說出五個自己的好品德。 |

7.你害怕面對死亡嗎？探訪一位心理受傷，靈裡欠缺的朋友，用一天的時間陪伴他。

8.生命中最傷痛的記憶是什麼時候發生的，還影響著你嗎？每天讀書或靜坐，更新自己。

9.你的信仰讓你在苦難中仍然堅強嗎？三餐禱告對你有何幫助？

10.你認為要怎麼做，生前和死後才能成為別人的祝福？為自己設計一場告別式，感受自己和他人的祝福。完成後，每天關懷一個人。

單元名稱	春芽之力（讀書會第三週）		
適用對象	一般民眾		
活動時間	180分鐘	參與人數	20人
使用教材	• 絲巾或口罩 • 影片光碟		
活動目標	1.瞭解幸福的真諦 2.學習健康操 3.閱讀書籍一同成長 4.藉由生命教育影片觀賞，瞭解生命的意義與生活連結		
活動流程之內容設計		時間	活動資源或器材
【開場白】 1.週間作業見證分享時間，看看上週有哪些事發生或令人感恩。 2.藉由讀書會導讀書籍，瞭解幸福的真諦。		5分鐘	
【學習方案8-1烏克麗麗】 1.曲目是〈有一天〉。 2.複習教過的歌曲。 3.預習有一位神。		30分鐘	
【學習方案8-2下午茶時間—生活大小事】 1.說出你一生中最想做或還沒完成的事。 2.完成三、四、五題。		15分鐘	
【學習方案8-3讀書會閱讀心得分享】 1.主要帶領者分享對書的內容的啟發。 2.附上參考資料。 3.分享幸福的意義。 4.十題討論和行動，回家可以自學。 5.解說彩繪我的故事和彩繪生命樹。 6.到戶外找一個公園玩毛毛蟲和矇眼找樹。		30分鐘	

【學習方案8-3影片分享】 1.選擇生命教育有關的電影。 2.本週分享的是舞動人生。 3.配合看在天堂遇見的五個人。 4.學會用不同的角度看世界。 5.分享影片觀後心得。 6.活動結束後，請夥伴彼此互動握手打招呼。	100分鐘	
評量方式	1.邀請的行為表單。 2.用邀請的行為、邀請的評論、邀請的標示、邀請的特性來看看自己的正向行為。	
週間作業	1.下週閱讀第四部分。 2.思考十個討論和行動，自己的答案和做法為何。（見備註） 3.找時間完成彩繪我的故事和彩繪生命樹。（附件一和附件二）	
注意事項	1.表單要影印。 2.要先準備影片。	
參考資料	1.上野千鶴子（2009）。《一個人的老後》。台北市：時報文化。 2.上野千鶴子（2009）。《一個人的老後》（男人版）。台北市：時報文化。 3.魏惠娟（2001）。《成人教育方案發展—理論與實際》。台北市：五南。 4.中華民國社區教育學會（2008）。《社區學習方法》。台北市：師大書苑。 5.林振春（2008）。《社區學習》。台北市：師大書苑。 6.陳惠淑主編（2014）。《為了你的幸福》。台南市：教會公報。 7.Miller, J. P.著（2001）。張淑美譯（2009）。《生命教育—全人課程理論與實務》。台北市：心理。	
建議	閱讀《一個人的老後》女人版和男人版，分享題目為第六章，如何畫下人生句點？討論題目如下： 1.你的財產要留給誰？（預立遺囑） 2.想留下的東西。（你可以為社會留下什麼？） 3.你想要的死亡方式是……（討論DNR）。 4.身後的歸屬處（天國、信仰……）。 5.單身者的挑戰人生（老後可能失去另一半，或持續單身，要怎麼過一生，現在就要開始練習，找一個社團，練習這樣的功課）。 結語和反思：作者的初衷是希望大家能了在享受單身暮年，自在快活，做個老後新鮮人。	

備註	【討論和行動】
	1.生活中有什麼事讓你壓力很大。為什麼？每次遇到壓力時，你都怎麼紓解壓力？
	2.日常生活中你常抱怨嗎？你會不會常常對人或對事很失望？怎麼做才不會因為人而受苦但因神的恩典而喜樂。
	3.靈性成長如同耕種一樣，好土長成美麗，惡土毒素汙染，所以堆肥很重要。我們要如何培養我們自己這棵樹，結出果實。
	4.生活中是否曾有事情，讓你很難去面對，甚至會想要放棄。你曾經感受過神與你同在的經驗嗎？
	5.在讀經文的時候，你是否置身其中，猶如神要我們反省與靜心聽，耐心操練呢？
	6.你對自己沒有信心完成的事，你要如何突破？如何執行工作計畫呢？
	7.你曾經陪伴過一個身陷痛苦的親友的經驗嗎？你要如何鼓勵他？
	8.禱告的力量很大，但是要怎麼祈福禱告，神才聽得到。
	9.當你不斷的更新自己的同時，你是否感受到自己有什麼改變。
	10.你有宗教信仰嗎？你認為真理是什麼？要怎麼做，我們才能得到真理與智慧。

二、邀請式教育

邀請式教育，是受到熱情召喚，瞭解無限潛能的歷程。除去了種族歧視和不平等對待。用邀請的行為、評論、標示、特性，來訓練自己（張淑美譯，2009）。

邀請的行為	邀請的評論	邀請的標示	邀請的特性
輕鬆的姿勢	早安	請走人行道	新穎的畫
借出書籍	非常謝謝你	歡迎	愉悅的味道
微笑	恭喜你	訪客停車位	活生生的植物
仔細聆聽	讓我們好好討論一下	請留言	迷人新穎的布告欄
輕輕拍拍背	我該如何幫你	請直接開門，進入	柔和的燈光
握手	生日快樂	不需預約	柔軟的大抱枕
為人開門	我很高興有你在這裡	請走另一扇門	許多書籍
眨眼表示友善	我瞭解	請勿吸菸，謝謝	新鮮空氣

一起享用午餐	我們想念你	馬上回來	壁爐
準時	很高興你來看我	開放空間	舒適的傢俱
送出一個很有想法的字條	我喜歡這個想法	很高興你們來到這裡	搖椅
帶著一份禮物	我認為你可以的	殘障停車位	桌上盆花
分享經驗	歡迎	對不起，我沒遇到你	敲開的門
接受讚美	我喜歡你做的	請回電	裝滿糖果的糖果罐
給人緩衝的時間	歡迎你回來	歡迎訪客	柔和音樂
			誘人的圖畫

附件一

彩繪我的故事

花心：自我介紹，姓名的名字、幾歲、嗜好等

小花瓣：用五個形容詞寫自己的個性

大花瓣：用五個形容詞寫我在別人眼裡是個怎麼樣的一個人

附件二

彩繪生命樹

我的個人照

生命中影響我
最大的五個人

生命中影響我
最大的五次選擇

單元名稱	夏耕之能（讀書會第四週）		
適用對象	一般民眾		
活動時間	180分鐘	參與人數	20人
使用教材	・象棋、口罩 ・影片光碟		
活動目標	1.瞭解健康的意義 2.個人健康計畫規劃與執行 3.閱讀書籍一同成長 4.藉由生命教育影片觀賞，瞭解生命的意義與生活連結		
活動流程之內容設計		時間	活動資源或器材
【開場白】 1.分享上週令你最感恩或最感動的事。 2.藉由讀書會引導參與者自我導向學習，瞭解健康的意義之外，引導個人規劃健康計畫與執行方式。		5分鐘	
【學習方案4-1烏克麗麗】 1.曲目是〈有一天有一位神〉。 2.複習教過的歌曲。 3.討論表演歌曲。		30分鐘	
【學習方案4-2下午茶時間—生活大小事】 1.說出你一生中最想做或還沒完成的事。 2.藉由體驗活動，感受自己在靈性方面的層次與成長障礙（附件三）。		15分鐘	
【學習方案4-3讀書會閱讀心得分享】 1.主要帶領者分享對書的內容的啟發（見備註）。 2.附上參考資料。 3.分享健康的意義。		30分鐘	
【學習方案4-4影片分享】 1.選擇生命教育有關的電影。 2.本週分享的是美麗人生。 3.瞭解信仰及心靈支持，對面對苦難時的幫助。 4.分享影片觀後心得。 5.活動結束後，請夥伴彼此互動握手打招呼。		100分鐘	
評量方式	課後分享於fb。		

週間作業	1.一起去探訪一個共同認識的人。 2.探訪結束要給對方一句鼓勵的話和表達愛和關懷的擁抱。
注意事項	1.體驗活動參與者沒有年齡限制，活動進行前要事先告知活動的時間和注意事項。 2.要先準備影片。
參考資料	參考書籍 1.謝智謀、許涵菁暨體驗教育團隊（2012）。《體驗教育》。新北市：亞洲體驗教育協會。 2.張廣博（2014）。《身心靈健康之寶》。新北市：雅書堂文化。 3.史迪文工作小組（譯）（2007）。《去過天堂90分鐘：一個有關生命與勇氣的真實故事》。台北市：究竟。
備註	【閱讀心得分享】 在五指山下好好修行，是指我們的五官和五感，除去心中的貪慾和惡念，以快樂的心看社會，做一個凡事微笑以對的人。

附件三　讀書會課程（體驗活動）

單元名稱	身心靈健康體驗活動設計		
適用對象	一般民眾		
活動時間	100分鐘	參與人數	20人
使用教材	• 絲巾或口罩、象棋2組 • 每組小骰子2個、大骰子1個、計算機 • 建造生態系活動材料組（拉繩組、塑膠杯6個，其中3個貼植物名，2個貼動物名，1個貼「人」） • 便利貼（神棋手便利貼、信心便利貼） • 繩子4條		
活動目標	1.身心靈健康的確認 2.學習以信心面對未知的環境 3.反思自己是否每天散播祝福及真理的種子給身邊的人 4.透過體驗，找到突破自我的動力，得到生命的屬靈果實 5.學習感恩與付出，成為他人的生活與生命的真善美天使 6.學習順服神的道，克服生活和生命中的苦難與不完美		

活動流程之內容設計	時間	活動資源或器材
【開場白】 1.引導員自我介紹。 2.介紹今天的活動流程。	2分鐘	麥克風
【學習方案5-1心有千千結】 1.請大家準備好個人的絲巾。 2.引導員請參與者幫自己打一個蝴蝶結。 3.引導員示範打結的方法。 4.引導員請參與者幫夥伴打一個蝴蝶結。 結語： 1.如果這個結代表你最近碰到的事，你的心結，那些事讓你胸口鬱悶，坐立難安，你有辦法依靠自己來打開嗎？ 2.你會找人協助你度過難關嗎？ 3.尋找幫助你的人，對你來說容易嗎？ 4.如果找到幫助對你來說不容易，你要怎麼做才會突破現在的人際關係呢？ 反思： 1.那時時刻刻在幫助你的人，你找到了嗎？ 2.你的信仰讓你在苦難中仍然堅強嗎？	8分鐘	絲巾（或手帕、圍巾、口罩）

【學習方案5-2神棋手】 1.引導員先示範一次矇眼摸象的方法。 2.請大家準備好個人的絲巾。 3.每人拿5顆象棋。分散放在自己的前面。 4.請每一個人用絲巾將自己的眼睛矇起來。 5.（第一輪）計時30秒，看誰能在30秒時間內將象棋堆起來。 6.絲巾拿開，看看戰況如何。 7.給完成的人一張神棋手便利貼。 8.（第二輪）接下來計時10秒，看誰能在10秒時間內將象棋堆起來。 9.（第三輪）現在2人一組。共10顆象棋。每一個人手上拿一張信心便利貼，送給對方，貼在他的身上。 10.給大家自己思考和討論的時間1分鐘，等一下給每一個人10秒的時間，夥伴會給矇眼的人引導成功的方向和做法。 11.（第四輪）一樣2人一組。換人矇眼。每一個人10秒的時間，夥伴會給矇眼的人引導成功的方向和做法。 結語： 1.第一輪的時候，只有自己知道自己的動作和結果，壓力是自己給的，除了引導員和神知道之外，誰都不知道發生了什麼事。 2.第二輪開始的時候，看到大家都很厲害，有點壓力，時間又很緊迫，只能做到哪裡就算到哪裡，沒有思考的時間。 3.第三輪和第四輪的時候，有了思考、討論的時間，加上夥伴給矇眼的人引導成功的方向和做法。讓矇眼的人有信心完成任務。 反思： 我們生活中是否凡事都有信心，凡事放在禱告祈福中。	10分鐘	絲巾、象棋 便利貼

【學習方案5-3環環相扣同心圓】 1.請大家準備好個人的絲巾。 2.找一個夥伴，和他的絲巾綁在一起。 3.再找一組互綁絲巾。 4.再將大家的絲巾綁成一個同心圓。 5.大家一隻手握在同心圓上，另外一隻手打開向 　外伸，拍一張團結合作力量大的照片。 6.用同心圓拉成一個台灣地形圖。 7.大家坐在絲巾旁，關上電燈，說出自己對這個 　活動或台灣這土地上的事或生命中某個人的感 　謝。 8.活動結束後，引導者要將大家的情緒拉回到平 　靜的時刻，為大家和這個活動禱告。 9.開燈。請大家靜坐閉眼，深呼吸。吸氣的時候 　說入，呼氣的時候說出，每個動作3秒鐘。 10.1分鐘後，請大家仍然閉目，為自己未來的生 　　活禱告，學習將煩惱藉由禱告交給神處理。 結語： 1.宇宙中這生生不息的循環，讓每個人跟自己、 　跟社群、跟土地、跟超自然的力量，結合而 　成，在地球上這小小生態系中，共生共榮。 2.年紀漸長，就越能體會到生命中發生的事，都 　是神的安排。 反思： 今天的你，是否願意為這土地上的人，做更多的 事，成為別人的貴人（別人的天使，他人的祝 福）。	10分鐘	絲巾
【學習方案5-4建造生態系】 1.5人一組，分成4組。 2.每一組領一份建造生態系活動材料組。 3.引導員講解生態系的意義和重要性。 4.解釋體驗活動的遊戲規則。 5.每組拿6個杯子，白色標籤貼紙6張。 6.引導員介紹第一底層是生產者，就是植物。 7.請學員想出三個可食植物的名字，寫在白色標 　籤貼紙上，然後貼在杯子上。老師可以提示， 　例如地瓜葉、菠菜、小黃瓜等。	20分鐘	建造生態系活動 材料組

8.第二層是消費者。可以用十二生肖來找。 9.第三層是人。 10.用拉繩組將杯子堆疊成金字塔。 結語： 1.這個活動讓大家同心協力完成一件事。 2.在食物鏈中我們知道人類食物的來源，也瞭解人為的破壞，最終還是會傷害到人類本身，鼓勵參與者重視人與大自然的連結。 反思： 在活動中，我們感受到造物者（神）的全能，瞭解到人類破壞了自然生態，最後還是傷害了人類自己，所以我們要保護環境，愛惜資源。		
【學習方案5-5人定勝天？】 1.分成4組。每組站一個地方。繞成圓背對背坐下。 2.手牽著，背靠在一起，嘗試站起來。 （活動開始） 3.每組拿到小骰子2個、大骰子1個 4.拿到小骰子的人先把小骰子丟出去。 5.另外其他人輪流丟大骰子，看誰的點數最大。 6.都完成後，再告訴大家，計算小骰子到大骰子兩段距離共幾步。 7.用計算機算出分數，計算方式為： 8.2個小骰子的點數乘以大骰子最大的點數，再扣掉距離的步數。 9.最低分的小組，分享失敗的原因。 10.最高分的小組，分享成功的原因。 11.另外兩組分享過程中最困難的地方，後來如何突破。 結語： 1.這個活動訓練大家溝通、合作、靜心、專注的能力。 2.背對背拉著想要站起來，並不容易，在團體裏，不是想成功就可以達成目標的。需要努力、挫敗、接受、改變、再努力，才會離成功越來越近。 反思： 生活中要怎麼做才能保護環境，減少碳的排放。	10分鐘	每組小骰子2個、大骰子1個、計算機

【學習方案5-6健康生命樹】	40分鐘	絲巾、繩子4條
1.此活動大多在室外。 2.找一個有樹的公園，用一領一的方式，一人矇眼，一人引導。 3.引導的夥伴，要幫助矇眼的人，從集合處繞公園一圈，再回到及集合處，時間3分鐘。 4.再換人，重複上述的動作。 5.集合後，分成4組。 6.每組帶一條繩子到一個樹下，圈起一個圈，站著觀察腳底下的自然萬物。 7.再抬頭看頭頂上的自然萬物。 8.時間2分鐘。 9.（回到教室，或在戶外）引導者帶動唱〈一串心〉簡易版。 結語： 靈性健康為身心靈健康之首，世界各地靈性健康引導者，提供我們一些方法。 1.韓國姜俊旻牧師說，保持最佳屬靈狀態，該怎麼做？他提供以下做法： 　(1)學習走正路。 　(2)時時住在神的裡面。 　(3)過聖靈充滿的生活。（聖靈的果實是仁愛、喜樂、和平、忍耐、恩慈、良善、信實、溫柔、節制）。 　(4)天天捨己為人。 　(5)努力保持警醒，時時守望。 　(6)愛神。 2.德國古倫神父說，深思自己的生命意義到底在哪裡。找到自己的發光之道。用神的愛與人共處，回轉為赤子之心，找到生命的品質與生命的方向。他提供以下方向： 　(1)我們的靈修任務是，接納自己的限制，衰退和死亡。 　(2)死亡是會自然發生的，祈求禱告最後一步是美好的，而終點獎賞是永生的榮耀。這樣，他人要因為你而蒙受福分。 　(3)幸福的老年，就是在神面前，不斷成長，成為周遭的祝福，他人的天使。		

	(4)當你放下財產，放下只有專注健康，放下人 　際關係，放下性愛議題，放下權力，透過默 　想，愛與祈禱捨己放下自我，就會結出豐盛 　的果實。 (5)有智慧老人的共同點，就是用智慧和感恩的 　心，活出光和愛。 反思： 1.當一片葉子落下來，會到哪裡？ 2.人的一生，空手而來，空手而去，該為自己做 　哪些有意義的事，才能活出美好的生命。		
評量方式	若願意分享心得的人，可以將課後分享心得放在fb或line群組中。	
週間作業	1.找一個長者，去拜訪他，和他聊天，並約定下一次見面的時 　間。。 2.瞭解長者的身心靈健康狀況，養生方法，記錄下來。 3.下次見面前，做一份身心靈健康方面聊天的題材或書籍資料，和 　長者一起學習，共同成長。	
注意事項	體驗活動參與者沒有年齡限制，活動進行前要事先告知活動的時間 和注意事項。	
參考資料	謝智謀、許涵菁暨體驗教育團隊（2012）。《體驗教育》。新北 市：亞洲體驗教育協會。	

Chapter

7

活動方案企劃撰寫實例

第一節　活動企劃設計
第二節　活動計畫書撰寫範例

高齡學習方案，又稱為老人團體方案或老人活動方案。是高齡學習者在一定時間內，以設定之目標，設計一系列學習經驗。經由有目的、有組織的活動來學習，經由體驗而獲得知識，並幫助行為改變的歷程（黃富順，2010）。

　　學習活動設計，就是activity design，指一堂課的活動設計。方案規劃也稱課程規劃，或有人稱為活動設計或方案設計，名詞雖然不一，但包括需求確認、目標建立、內容策略資源活動的選擇、組織環境的安排、時間經費的運用及評鑑方法。也就是方案的推廣溝通實施和評鑑十分重要。方案活動設計，主要是指學習活動的設計。所以方案規劃者就是實務工作者，成人教育者是研究者。方案規劃的步驟為：規劃需求、目標、內容、設計、資源、計畫、鼓勵、參與評估。實務工作者的深度思考和方案規劃者的專業，結合理論和實際，產出多元模式方案規劃。

　　魏惠娟（2001）在《成人教育方案發展規劃與實務》中提到，波義爾（P. G. Boyle）和艾伯斯（J. W. Apps）認為規劃者檢視自己的項目，包括：

1.成人教育的目的：促進改變。
2.方案規劃的過程：規劃者為專家、管理者、協調者和促進者。
3.成人學習者：任何年齡都想學習。
4.學習過程：多元學習。

　　J. P. Miller在《生命教育——全人課程理論與實務》中提到，社會常識訓練，在創造一個更容易愛的世界，發展創造自己世界的能力。務實的促進社群間合作。柏拉圖描述他的教育方法，引用洞

穴的預言，他認為講師要冒著沿著牆找陽光的風險與勇氣，將自己所知道的知識分享給他人，和世界對話。全人學習以傳遞知識互動學習，轉化狀態中整全，依循此轉化模式，個體養成與真我（自己）、社群（他人）、生態（自然）、信仰團體（神）的關聯，在統合身心靈健康與健全全人整體健康模式，發展出自我靈性健康促進引導學習方式（張淑美譯，2009）。

　　諾爾斯於1980年提到方案發展是一個全面管理過程，包括評估需求、設定目標、安排情境、師資和設備、輔導、宣傳和公關、預算和財務以及評估。成人教育方案規劃過程分成七階段：學習氣氛、組織結構、學習需求、學習目標、活動設計、學習活動及評鑑。學習型態分成個人、小組和社區教育。諾爾斯把成人教育者分成五種，方案決策者、執行長、行政人員、傳播媒體和全職的教育人員（終生以成教為職業者）（魏惠娟，2001）。

 第一節　活動企劃設計

　　活動企劃力、評鑑力、執行力及創新能力，是活動設計中十分重要的專業能力之一。學習企劃評鑑力，更是撰寫創新企劃書，展現執行成效的最佳途徑。規劃者不但要培養活動企劃者的行動中反思能力，更要認識企劃成效指標，且須意識到自己的企劃案之執行效能，並能隨時做企劃之修正。檢視活動企劃力，可以在企劃書之預期效益及目標的達成率顯示，並在結案報告分析中確認活動目標之達成。

　　完整活動企劃書之撰寫，內容包括緣起、目的、目標、活動內容、行動架構、行動方案、宣傳方式、活動進度時程表、交通資

訊、場地配置圖、經費預算、預期效益、活動備案。活動依甘特圖執行並完成執行進度，並在活動結束後完成結案報告。

撰寫企劃案，可以依循5W、2H、1E模式進行。5W是：(1)who，誰去做，人力如何分工；(2)What，要做什麼，活動主題為何；(3)Why，為何要這麼做，活動需求是什麼；(4)When，是活動何時進行，要達成的目標及目的為何；(5)Where，是活動在哪裡進行。而2H：(1)How much，經費來源；(2)How，要如何執行並完成活動目標。至於1E是Evaluate，以結案報告結果評估檢討活動進行之成效及滿意度。

企劃與計畫有部分差異，其相同處是皆按照原定計畫書執行，而相異處是企劃加入個人及團體的創新及創意，計畫則較無創意（**表7-1**）。

表7-1　企劃與計畫之差異

差異	企劃	計畫
相同處	按照原定計畫書執行	按照原定計畫書執行
相異處	加入個人及團體的創新及創意	較無創意

創意是與生俱來的，還是可以藉由學習培養？由**表7-2**之左右腦定位法，來看看自己是垂直思考者還是水平思考者？也就是你是用左腦還是右腦思考？用一隻筆，對準表格中線，檢視一下閉上左眼和閉上右眼時，哪一邊離中線較遠，就是哪一部分的思考力比較多。這是一個有趣的遊戲，重點是，不管如何，後天的努力，加上本書的示範案例，可以協助讀者在撰寫活動企劃書時，功力和能力倍增。

表7-2　左右腦定位法

左腦	右腦
數字	圖像
語言	音樂
理性	感性
現實	夢想
邏輯	想像
事實	情緒
垂直思考（合理）	水平思考（創意）

　　活動企劃書的受理對象，分成營利事業單位和非營利事業組織，從行銷學的角度看活動企劃案，消費者注意行銷4P（產品、定價、通路、促銷），主辦單位注意消費者的4C（需求、價格、便利、溝通），然而近年來4P因注重人的需求，而產生5P概念，管理學中的SWOT分析，也是活動企劃撰寫前，規劃者要投注心力做的分析（表7-3）。

表7-3　SWOT分析

SWOT分析		
內部	S優勢	W劣勢
外部	O機會	T威脅

　　即使活動規劃是一個公益活動義賣攤位，都要注意人、事、時、地、物、財在活動中的人力及物力的規劃。整合有形和無形的資源，定位活動中各項活動為組織產生的效益和營收。小小的義賣活動，也與市場區隔（地區、性別、年齡、職業、忠誠度）、目標市場（單一集中、特定產品市場）和市場差異化（產品、服務、顧客、技術、品牌、定價）息息相關。

以下是一個小型活動企劃案練習。某基金會要辦一個園遊會，籌募買車經費，此時攤位活動企劃者，為完成本次活動，在活動企劃書中，必須呈現活動名稱、活動內容、宣傳方式、經費預算、備案計畫等。

　　另外，可以做活動評估分析作業，去找一個活動、研討會或講座，參仿別人的活動執行方式，在活動評估分析作業中，先將活動做一個拍照、說明，找出活動的優點、缺點逐一列出，寫出你的建議。這樣的訓練可以幫助讀者的活動企劃能力。

　　活動設計是社區學習方法中重要的一環。社區健康促進活動方案，須整合招生、行銷與宣傳，注重社會公益與形象建立，不同的目的在策略上皆有所差異。老人因健康、經濟、教育水平、性別等不同，在社區資源運用上也有所差異。參與者、規劃者和社區支援系統，都需要參與及鼓勵、合作和持續，認同與歸屬。社區資源分成內部及外部，內部包括：(1)里長；(2)社區發展協會；(3)社區健康服務中心；(4)社區各協會；(5)長期照顧機構；(6)社區醫院、診所。外部資源包括：(1)各基金會；(2)大型醫院；(3)各縣市社會局；(4)志工團體；(5)贊助單位等。社區工作者可以進行瞭解的項目，包括他們所在的位置、資源是否有被充分利用、社區居民參與的狀況、主要負責人對社區工作的態度如何。社區計畫與方案的設計與執行，計畫協助社區工作者須釐清思考及工作脈絡、訂定工作時程、擬訂評估項目，其過程是一種科學化的工作模式。這些想法和需要，應該是要可以代表社區相當成員的共識，一個計畫主題的形成，可以是來自社區工作者對社區的觀察、社區居民的提議、社區會議來決議。所做出來的計畫或所推出的活動，勢必可以獲得社區居民的支持與認同。「人」當然是社區工作最重要的資源，人也

是社區工作的目標，社區中有特殊閱歷或具有專業技能的人，也常常是社區的重要資源。例如辦桌高手陳大媽，原住民文化特色，客家人對土地及資源的珍惜，形成他們特有的性格及飲食等，都是讓人們感覺自己特別之處的重要資源。有創意的社區，例如台灣的溫泉特色，日本的海上漂流物展覽社區，黃豆食品博覽會，想想看他們關懷什麼、誰來參與、如何參與、誰有改變、改變什麼？

社區的高齡學習組織，包括認識樂齡大學、松年大學、社區照顧關懷據點和樂齡學習資源中心等，以下就其資源等做一比較，提供實務工作者在社區資源整合、高齡活動開發規劃，找出創新的規劃與發展。

以松年大學為例，來探討可利用之資源，包括：

1. 里長：除了廣宣部分鄰里長可以幫忙之外，鄰里長也是在社區擁有相當多人脈的重要人物。大多數的里民活動中心也有一些開課的師資，有時也可與里長一起合辦活動，例如重陽節敬老活動、中秋節聯歡晚會等。

2. 社區發展協會：社區發展協會通常都是以社區成長發展為主，有時也是社區關懷據點，是次於里長之後，對社區也是具有相當影響力的社會公益團體，具有其存在的必要性。

3. 社區健康服務中心：服務中心會不定期舉辦各項健康檢查活動，是重要的免費社區資源。

4. 社區各協會：通常為開課單位，各自具有自己的人力及人脈，也是志工團體的來源之一。

5. 長期照顧機構：可提供志願服務地點，機構之護理人員及社工等專業人員，也可成為專業課程的講師，更是與學員最貼

233

近的專業級好鄰居。

6.社區醫院、診所：可提供健康諮詢、營養諮詢等服務。（社區資源手冊，2014）

 ## 第二節　活動計畫書撰寫範例

活動企劃多數以活動計畫書呈現，以下為簡易的活動計畫書撰寫範例。活動計畫書中主辦單位、協辦單位、活動企劃、活動時間、活動地點的部分，需放在第一頁，並放大字體為粗體字。內容包括緣起、活動目的、活動目標、活動內容、宣傳方式、經費預算和預期效益。經費預算的部分，需詳細列出，以利活動單位核銷。活動目的和目標的差異，在於活動目的陳述組織所要在活動中達成的任務，至於目標則是將欲達成的任務數字化，以百分比表示為佳。

高齡學習方案將會是一個培養具國際觀、自我啟發力及行動力兼具的全球公民高齡學習。老人學習要超越需求，在社區學習中提供終身學習的管道，開展創新合作策略，高齡學習在幫助高齡者發掘未知的自我。高齡學習方案設計及實施，方案規劃者的能力及角色十分重要。方案設計規劃者可分為三層，底層為教師、督導、小組領導人，主任層級和專業領導層級。基層者提供診斷、規劃、激勵、方法、資源和評鑑；主任層包括診斷、組織、規劃、行政與評鑑；專業者功能包括發展新知、準備教材、發展新的教學技巧、領導與協調組織、訓練成人教育工作者、促進成人教育領域的發展（魏惠娟，2001）。

各種方案都可以運用焦點計畫執行循環（FOCUS-PDSA

彩繪體驗攤位活動計畫書

主辦單位：○○協會

協辦單位：○○社團

活動企劃：全球品牌整合行銷

活動時間：民國103年10月10日下午13:00~17:00

活動地點：永和國父紀念館

壹、緣起

本活動已開辦多年，是新北市新住民聚集的重要活動之一，每年邀請專業講師或公益團體，辦理攤位服務及免費體驗活動，以增加活動內容豐富性及趣味性。本次活動邀○○講師籌劃彩繪體驗攤位活動，並邀請○○老師擔任攤位活動講師，期能讓參與活動的來賓，都能在參與活動的同時，體會藝術生活化的樂趣，豐富心靈，提升人文藝術層次。

貳、活動目的

本活動以提升人文藝術生活化的方向為主，體驗生活藝術創作，希望透過彩繪體驗，幫助參與者提升身心靈健康為目標，提升活動之多元趣味性，豐富生活，彩繪人生。活動邀請支持社會公益服務不遺餘力的○○社團，參與本次活動。

參、活動目標

○○社團參與本次活動之目標為連結社區資源，並結合扶青團人力，讓活動參與者更瞭解扶輪社在社會服務中的熱心和熱忱。

肆、活動內容

主辦單位提供一攤位給協辦單位○○社團，由彩繪老師負責籌劃攤位，提供免費彩繪體驗活動，主辦單位會邀請貴賓頒發感謝狀給○○社團，由社長上台領取並合影留念。此外由志工帶團員，著服務T恤，到現場協助攤位活動之進行

伍、宣傳方式

1.於○○協會公布欄張貼活動海報。

2.活動海報電子檔JPG檔上傳至主辦及協辦單位網站及社群。

3.○○社網站及FB臉書社群、line社群連結。

4.○○社團社友相關企業協助活動網站連結。

陸、經費預算

項目	項目明細	數量	費用
講師費	志工講師	人	0
教材費	彩繪顏料、筆、木器	人	廠商贊助
其他			
合計			0

※備註：志工講師為志願服務，無費用支出。

柒、預期效益

1.本活動可以透過台視、中視、華視等媒體的報導，提高○○社團的公益形象。

2.透過彩繪體驗，幫助參與者提升身心靈健康，提升活動之多元趣味性。

Cycle）為改進歷程，運用體驗歷程去改善，組織團隊去瞭解歷
程，瞭解過程改變後的結果，並選擇一個歷程去改進。當歷程被選
擇後，就要協助各人自我管理計畫執行，運用計畫－執行－研究－
行動循環（Plan-Do-Study-Act Cycle, PDSA），亦稱為蕭華德循環
或戴明輪，是問題解決活動的架構，包括如何改善（plan），執行
改善歷程（doing），研究改善歷程（studying）和採取行動於研究
結果（acting），近年來時興用PDCA（Plan-Do-Check-Act or Plan-
Do-Check-Adjust）來進行管理規劃歷程的改善（Deming, W. E.,
1986）。另有OPDCA的執行方式，O即為觀察（observation）。此
循環是超越老化再創造的磐石與車輪，引導長者正向行動的表現，
發展成為生活方式，引導高齡學習者為自己找出提升靈性健康的方
向。

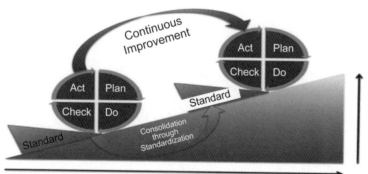

圖7-1　PDCA行動循環模式

附　錄

附錄一　學習回饋單

學員回饋單

姓名：＿＿＿＿＿＿＿＿

宗教信仰：＿＿＿＿＿＿＿＿

1.我給今天活動打＿＿＿分（0～10分）

2.我覺得今天的講師很棒

　□1非常同意 □2同意 □3沒意見 □4不同意 □5非常不同意

3.我覺得今天課程內容精彩

　□1非常同意 □2同意 □3沒意見 □4不同意 □5非常不同意

4.我覺得今天上課場地合適

　□1非常同意 □2同意 □3沒意見 □4不同意 □5非常不同意

5.我覺得今天學習到很多知識

　□1非常同意 □2同意 □3沒意見 □4不同意 □5非常不同意

6.我覺得這堂健康教育課程，屬於下列哪一個主題：

　□自己和自己

　□自己和他人

　□自己和宗教

　□自己和自然

7.我覺得這堂健康學習課程，對我一點幫助都沒有

　□1非常同意 □2同意 □3沒意見 □4不同意 □5非常不同意

8.我在今天的健康學習方案中，學到

　1.＿＿＿＿＿＿＿＿＿＿＿＿＿＿＿＿＿＿＿＿＿＿＿＿＿＿

　2.＿＿＿＿＿＿＿＿＿＿＿＿＿＿＿＿＿＿＿＿＿＿＿＿＿＿

　3.＿＿＿＿＿＿＿＿＿＿＿＿＿＿＿＿＿＿＿＿＿＿＿＿＿＿

9.我對這堂課的建議：＿＿＿＿＿＿＿＿＿＿＿＿＿＿＿＿＿＿

附錄二　樂活生活作業單

樂活生活作業單

組別：　　　　　　　姓名：

連續記錄一星期不中斷，就可以瞭解自己生活「快樂不快樂」喔！

日期	次數				有做到打√			
	生氣	幫助&原諒他人	做環保（環境&體內）	靜心和神交通	讓心情好	做志工	欣賞自然生態美	祈福禱告

請談談執行完這項作業的心得。

資料來源：陳美蘭（2014）。《老人學習方案對靈性健康提升之研究：全人整體健康取向》。

附錄三　高齡活動設計表

單元名稱			
適用對象			
活動時間	分鐘	參與人數	人
使用教材			
活動目標			
活動流程之內容設計		時間	活動資源或器材
【開場白】		分鐘	
【學習方案　　】		分鐘	
【學習方案　　】		分鐘	
【學習方案　　】		分鐘	
【學習方案　　】		分鐘	
【學習方案　　】		分鐘	
【統整與總結】		分鐘	
評量方式			
週間作業			
課後檢討			
注意事項			
參考資料			

附錄四　負面之詞對話遊戲

第一輪BCDEF學員說負面之詞，A只能回答不是的。

・你做的不好
・你都隨便亂吃，沒有注意身體健康
・你只關心自己的事，不管別人的想法
・你心情不好的時候都把心事悶在心裡

第二輪BCDEF學員說負面之詞，A只能回答是的（誠實回答），若你都有做到，就搖頭表示，但不能說話（感覺到當下沒辦法說明理由）。

・你做的不夠好
・你都沒有注意身體健康
・你都不會主動幫忙別人
・你的心裡想的都是不好的事情
・欺負你的人你絕對不會原諒他

第三輪BCDEF學員說正面之詞，A只能回答「謝謝」，再回答「好」。

你做的很好（可以教我怎麼做嗎？碰到困難時怎麼做才是最好的呢？）
你身體真健康（可以教我怎麼讓身體變得更健康嗎？）
你人真好，都會主動幫忙別人（可以教我怎麼做嗎？）
你人真好，你都會一直原諒欺負你的人（可以教我，你是怎麼做到的嗎？）
謝謝你為我祈福禱告（可以教我怎麼做嗎？）

附錄五　你說我畫

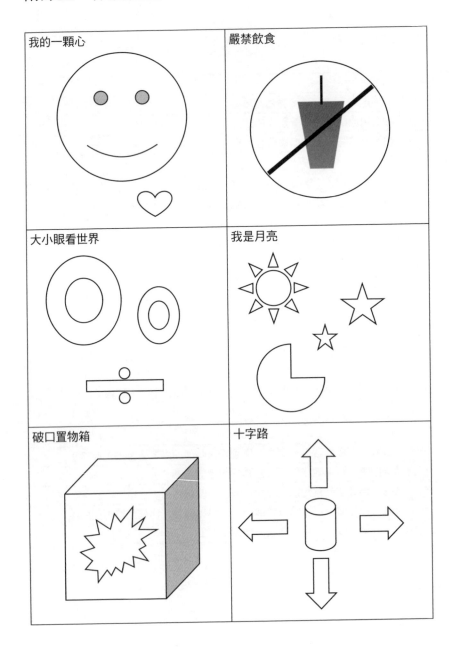

我的一顆心	嚴禁飲食
大小眼看世界	我是月亮
破口置物箱	十字路

附錄六　動動腦時間

第一題：如何用一條線將九個點連起來？（時間計時2分鐘）

○　　○　　○　　　　○　　○　　○　　　　○　　○　　○
○　　○　　○　　　　○　　○　　○　　　　○　　○　　○
○　　○　　○　　　　○　　○　　○　　　　○　　○　　○

第二題：請移動一個箭頭，讓等式成立。（限時3秒鐘）

附錄七　地瓜葉的生命圖／建造生態系

為地瓜葉做一張生命圖

資源
陽光、空氣、水
肥料
農藥
套袋(袋子)
農夫
裝箱
冷藏、石油
司機
金錢、我
現在

過程
種子
小苗
樹
花
樹上
果園
飛機
貨車上
水果攤

- 活動結語：用歡喜心去吃一個東西，就會很不一樣。
- 回家作業：假設自己是生態系裡面的某一種動物或植物，請為自己畫一張生命圖。

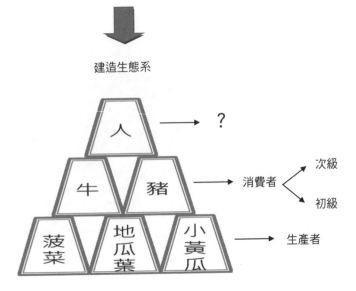

建造生態系

附錄八　葉子部位名稱

葉子部位名稱

葉端

葉緣

葉背

葉基

葉柄

資料來源：《不可思議的葉子》（吳佩俞譯，2009）。

附錄九　靈性健康量表

題號	題目內容	非常不同意	不同意	普通	同意	非常同意
1	我心靈的力量幫助我順應生命的起伏。	1	2	3	4	5
2	我認為生活中的逆境對我是有意義的。	1	2	3	4	5
3	即使遭遇生命中的挫折或變故，我仍然坦然面對。	1	2	3	4	5
4	即使遭遇挫折，我仍相信人生是美好的。	1	2	3	4	5
5	遭遇挫折時，我相信自己有自我療傷的能力。	1	2	3	4	5
6	我可以從處理挫折的過程中體悟自我的價值。	1	2	3	4	5
7	我有能力克服身體的老化或病痛。	1	2	3	4	5
8	我可以接受生命中的無常或變化。	1	2	3	4	5
9	當我困頓時，進行禪坐、冥想、靈修，會帶給我心靈上的安頓。	1	2	3	4	5
10	我認為生命中的際遇，皆有其隱含的道理。	1	2	3	4	5
11	對於他人的疏失，我會選擇寬恕。	1	2	3	4	5
12	我喜歡與家人或親友共度閒暇、參與活動。	1	2	3	4	5
13	我看到別人有成就時，我會替他感到高興。	1	2	3	4	5
14	當我有困難時，我相信可以獲得親友的幫助。	1	2	3	4	5
15	我會用愛與人相處。	1	2	3	4	5
16	我可以與團體中大多數的人相處得很好。	1	2	3	4	5
17	和諧的人際關係對我很重要。	1	2	3	4	5
18	我的生活有歸屬感（隸屬於家庭、學校等團體）。	1	2	3	4	5
19	我認為不求回饋地服務他人是一種喜樂。	1	2	3	4	5
20	我經常在內心送祝福給需要的人。	1	2	3	4	5

題號	題目內容	非常不同意	不同意	普通	同意	非常同意
21	我相信宗教或信仰可以幫助自己度過難關。	1	2	3	4	5
22	我會閱讀與宗教有關的書籍或報章雜誌。	1	2	3	4	5
23	當我參與宗教活動時（例如：禱告、求神問卜、拜拜、禪坐等），常帶給我很大的寄託。	1	2	3	4	5
24	我相信有神（例如：天主、上帝、老天爺、神明、佛祖、菩薩等）的保佑，可以令我感到心安。	1	2	3	4	5
25	我能藉著宗教信仰的力量達到心靈的成長。	1	2	3	4	5
26	宗教信仰帶給我正面積極的力量。	1	2	3	4	5
27	我相信宗教的靈修可以得到身心靈的平安。	1	2	3	4	5
28	我常主動參與宗教團體的活動。	1	2	3	4	5
29	不論現況如何，我對未來都充滿希望。	1	2	3	4	5
30	我認為人應該與大自然和平共處，不能破壞環境。	1	2	3	4	5
31	我相信每一個人都有他存在所需面對的人生課題。	1	2	3	4	5
32	不斷地追尋生命意義，能讓我的心靈感到踏實。	1	2	3	4	5
33	我的生命是有意義和目標的。	1	2	3	4	5
34	我會思索或探究與生命意義有關的課題。	1	2	3	4	5
35	我會盡力扮演好自己人生中的角色。	1	2	3	4	5
36	我會思考並規劃自己的人生。	1	2	3	4	5
37	我相信靈性的成長會為我們的生命帶來意義、活力與能量。	1	2	3	4	5
38	我會朝自己規劃的人生方向努力，讓生活過得充實有意義。	1	2	3	4	5
39	重要他人的支持是我生命重要的動力。	1	2	3	4	5
40	我的內心世界不會受到時空環境（如過去事件或空間混亂）的影響。	1	2	3	4	5

題號	題目內容	非常不同意	不同意	普通	同意	非常同意
41	親近大自然，讓我感到身心靈的安頓。	1	2	3	4	5
42	聆聽自然的天籟，使我心靈平和。	1	2	3	4	5
43	我認為每個個體都是生活環境中重要的組成分子。	1	2	3	4	5
44	我覺得自己的生存和所有的天地萬物是息息相關的。	1	2	3	4	5
45	我認為人類靈性健康和天地萬物是習習相關的。	1	2	3	4	5
46	我相信大自然有治療身心疾病的力量。	1	2	3	4	5
47	在山水美景之間，經常讓我感受到生命的神聖與美妙。	1	2	3	4	5
48	我感恩偉大造物者創造每個獨一無二的生命。	1	2	3	4	5
49	對於需要協助的人，我願意無條件伸出援手。	1	2	3	4	5
50	我覺得自己與其他人的關係密切。	1	2	3	4	5

本問卷由洪悅琳博士編製（email: ythung8888@gmail.com）。

參考文獻

一、中文部分

丁導民、洪悅琳（2012）。〈老人教育的機構與實施方式〉。載於林振春審閱，《老人教育學》（第七章7-1-24）。台北市：華格納。

上野千鶴子（2009）。《一個人的老後》（男人版）。台北市：時報文化。

上野千鶴子（2009）。《一個人的老後》。台北市：時報文化。

中華民國社區教育學會（2008）。《社區學習方法》。台北市：師大書苑。

內政部（2015）。《內政部統計通報104年第三週》。內政部統計處。

內政部（2012）。《內政部102年度老人福利機構評鑑實施計畫（含指標）》。取自http://www.moi.gov.tw/

王佳瑜（2009）。《八週力量耐力介入對老年人步態平衡及下肢肌力與跌倒之影響》。經國管理暨健康學院健康產業管理研究所碩士論文。

古倫牧師（2009）。《擁抱老年新生活》。台北市：南與北文化。

台灣聖經公會（2013）。《箴言》。台北市：台灣聖經公會。

史迪文工作小組譯（2007），Don Piper & Cecil Murphey著（2004）。《去過天堂90分鐘：一個有關生命與勇氣的真實故事》。台北市：究竟。

任孟淵、許世璋（2007）。〈培力社區之農村環境教育：一個社區型自然中心的初步發展歷程〉。《環境教育研究》，第4卷第2期，頁23-58。

朱衣譯（1999）。《生活更快樂：達賴喇嘛的人生智慧》。台北市：時報文化。

朱芬郁（2004）。《社區高齡者成功老化方案設計》。台北市：師大書苑。

朱耀明（2011）。〈動手做的學習意涵分析：杜威的經驗學習觀點〉。

《生活科技教育月刊》，第44卷第2期，頁32-43。

行政院經建會（1996）。《中華民國台灣地區民國84年至125年人口推計》。台北市：行政院經建會。

何怡璇（2010）。〈音樂治療對於改善老年憂鬱之成效初探〉。《台灣老人保健學刊》，第6卷第2期，頁168-178。

何婉喬（2009）。《全人照顧理論與輔助療法之應用：靈性層面之照顧》，頁102-135。台北市：匯華圖書。

吳老德（2010）。《高齡社會理論和實務》。台北市：新文京。

吳佩俞譯（2009），Osamu Tanaka著（2008）。《不可思議的葉子》。台北市：晨星。

吳淑娟（2012）。〈成人學習與教育〉。《成人及終身教育》，第41期，頁54-56。

呂碧琴、蔡秀華（2011）。〈高齡族的活力輕瑜伽〉。《政大體育研究》，第20期，頁103-125。

宋惠娟（2006）。〈音樂治療在失智症老人躁動行為處置的運用〉。《護理雜誌》，第53卷第5期，頁58-62。

李瑛（2013）。〈有效的成人學習〉。《國家文官學院T&D飛訊》，第162期，頁1-16。

李義勇（1996）。〈童軍自然教育思想之探討〉。《公民訓育學報》，第5輯，頁23-50。

李選、葉美玉、劉燦榮（1993）。〈音樂治療對改善住院精神病患精神症狀與人際互動之成效〉。《護理研究》，第1卷第2期，頁145-157。

杜明勳（2003）。〈談靈性〉。《護理雜誌》，第50卷第1期，頁81-84。

沈瑞琳（2010）。《綠色療癒力》。台北市：麥浩斯。

周少凱、許舒婷（2010）。〈大學生環境認知、環境態度與環境行為之研究〉。《嶺東學報》，第27期，頁85-113。

周文欽（2006）。《健康心理學》。台北市：空大。

周琳霓（2006）。〈另類養生~音樂治療〉。《健康世界》，第249期，

頁15-17。

周禪鴻（2007）。〈觀全人健康觀〉。《護理雜誌》，第54卷第3期，頁20-26。

林文元、釋慧哲、何婉喬（2007）。《安寧緩和醫療臨床宗教師培訓中心暨推廣研究計畫報告》。96年度佛教花蓮基金會委託研究計畫。

林如萍主編（2005）。《樂齡，向前行！——老人家庭生活教育手冊》。台北市：台灣家庭生活教育專業人員協會。

林美珠、吳盈蓁、瞿蕙娟、高木榮（2010）。〈樂齡音樂治療活動健康照護計畫對失智症長者之護理經驗〉。《北市醫學雜誌》，第7卷第4期，頁382-393。

林韋丞、蔡佳芬、歐陽文貞（2013）。〈阿茲海默氏症合併精神行為症狀之音樂治療建議〉。《臨床醫學》，頁171-175。

林振春（2008）。《社區學習》。台北市：師大書苑。

林惠娟、陳淑齡（2007）。〈以焦點團體來探討長期照護機構老人對團體音樂療法的體驗〉。《護理雜誌》，第54卷第2期，頁38-46。

林燕如、周桂如、張佳琪（2012）。〈音樂治療於台灣老人之應用〉。《新台北護理期刊》，第13卷第1期，頁53-62。

林麗惠（2010）。〈為高齡學習規劃新課程〉。《師友月刊》，第8期，頁16-19。

林麗嬋、吳婉翎、翟文英（2010）。〈住民照顧衝擊：長期照護機構評鑑決策模式發展基礎〉。《長期照護雜誌》，第14卷第2期，頁125-135。

社區資源手冊（2001）。〈認識你的社區〉。http://921.yam.org.tw/community/knowing/knowing_01.htm

邱馨慧、蔡佳良（2008）。〈園藝治療對老年慢性疾病患者的應用方式與成效〉。《中華體育季刊》，第22卷第2期，頁79-85。

姜俊旻（2014）。《向下扎根的操練》。新北市：校園書房。

施議強、韓晴芸、曾俊傑、侯承伯（2005）。〈輔助與另類醫療〉。《基層醫學》，第20卷第6期，頁146-153。

洪瑋聯（2008）。《志願服務投入、角色衝突與工作表現關係之研

究》。台北大學合作經濟學系碩士論文。

洪悅琳（2002）。《「學習如何學習」的能力與養成——政大《大學報》做中學的擅變歷程》。國立台灣師範大學社會教育學系碩士論文。

洪悅琳（2009）。《老人靈性健康之開展與模式探詢》。國立台灣師範大學社會教育學系博士論文。

洪悅琳（2012a）。〈老人教育與心理學〉。載於林振春審閱，《老人教育學》。台北市：華格納。

洪悅琳（2012b）。〈樂活心、環保情〉。100學年度第2學期經國管理暨健康學院「樂齡大學」演講PPT。

洪悅琳（2012c）。〈老人靈性健康的阻力與助力分析：成功老化觀點〉。《生命教育研究》，第4卷第1期，頁87-112。

洪悅琳、秦秀蘭、陳美蘭（2013）。《樂齡大學高齡者之環境教育學習需求研究》。2013台灣新高齡社區健康發展學術研討會論文。

洪悅琳、陳美蘭（2014）。〈新興產業〉。載於梁亞文、蕭文高、陳聰堅、謝嫣娉、黃雅鈴、劉家勇、陳文意、洪悅琳著，《老人服務事業概論》。台北市：華都。

活力大衛音樂輔療團隊（2015）。高齡者音樂照護專業人才培訓課程。http://www.musiccare.com.tw/class.htm。

胡月娟、黃鈺雯、彭田璋、張美雲、何怡儒、何婉喬、蘇錫全、洪智倫、吳珍梅、林木泉、呂素貞、林英姬、周誠明、鐘淑英、葉明理（2009）。《全人照顧理論與輔助療法之應用》。台北市：匯華圖書。

郎亞琴、雷文谷、張森源（2011）。〈生態旅遊遊客環境素養、環境態度及保育行為關係之研究〉。《嘉大體育健康休閒期刊》，第10卷第3期，頁23-36。

唐崇榮（2010）。《智慧的人生》。香港：STEMI LTD.。

孫健忠（2002）。〈台灣老年經濟安全保障的試析〉。《國政研究報告》，社會（研）091-004號。http://old.npf.org.tw/PUBLICATION/SS/091/SS-R-091-004.htm

孫健忠（2003）。《老年身心障礙者與老人福利整合規劃之研究》。內政部委託研究報告。

徐成德譯（1999），Henri J. M. Nouwen著。《心靈麵包》。台北市：校園書坊。

徐震、林萬億（1998）。《當代社會工作》。台北市：五南。

秦秀蘭（2014）。《機構高齡活動設計理論與實務——律動、能量、團體動力》。台北市：揚智文化。

荒野保護協會志工群譯（2010），Theodore Roszak、Mary E. Gomes、Allen D. Kanner著。《生態心理學：復育地球，療癒心靈》（Ecopsychology: Restoring the Earth, Healing the Mind）。台北市：荒野保護協會。

郝冰、王西敏譯（2009），R. Louv著（2008）。《失去山林的孩子：拯救大自然缺失症兒童》。新北市：野人文化。

高思明（2003）。《著重情意教學與議題分析的環教課程之成效分析》。東華大學觀光暨遊憩管理研究所碩士論文。

張淑美、陳慧姿（2007）。〈高雄地區高中教師靈性健康及其相關因素之研究〉。《生死學研究》，第7期，頁89-138。

張淑美譯（2007），J. P. Miller著（2000）。《生命教育——學校靈性課程的推動》。台北市：學富。

張淑美譯（2009），J. P. Miller著（2001）。《生命教育——全人課程理論與實務》。台北市：心理。

張淑卿、許銘能、吳肖琪（2010）。〈台灣長期照護機構品質確保機制發展之趨勢〉。《長期照護雜誌》，第14卷第2期，頁149-159。

張琇雲譯（2012），Alexander Loyd、Ben Johnson著。《療癒密碼》。台北市：方智。

張廣博（2014）。《身心靈健康之寶》。新北市：雅書堂文化。

教育部（2001）。《國民中小學九年一貫課程暫行綱要》。台北市：教育部。

教育部（2006）。《邁向高齡社會老人教育政策白皮書》。台北市：教育部。

梁家祺（2011）。〈「知行合一」對通識環境教育課程設計的啟發〉。《通識教育學刊》，第7期，頁39-59。

莊秀美（2003）。《老人團體工作實務》。台北市：學富。

許世璋、徐家凡（2012）。〈池南自然教育中心一日型方案「天空之翼」對於六年級生環境素養之成效分析〉。《科學教育學刊》，第20卷第1期，頁69-94。

許世璋、高思明（2009）。〈整合議題分析、生命故事、與自然體驗之大學環境課程介入研究——著重於情意目標的成效分析〉。《科學教育學刊》，第17卷第2期，頁135-156。

許君強（2011）。《社區健康促進》。台北：台灣健康促進暨衛生教育學會。

許煌汶（2004）。〈輔助與另類醫學簡介〉。《安寧療護雜誌》，第9卷第3期，頁264-275。

許煌汶（2005）。〈醫療人員對輔助與另類醫學之認知態度〉。《基層醫學》，第20卷第1期，頁20-24。

許邏灣譯（1999），S. McNiff著。《藝術治療》。台北市：新路。

陳玉慧（2012）。《找回無條件的愛》。台北市：天下文化。

陳怡伶（2011）。《教保人員靈性健康與生命態度之探討——以台中彰化雲嘉及台南縣市為例》。南華大學生死學研究所碩士論文。

陳美蘭（2014）。《老人學習方案對靈性健康提升之研究：全人整體健康》。經國管理暨健康學院健康產業管理研究所碩士論文。

陳美蘭、洪悅琳（2012）。《長期照顧機構照護服務品質影響因素之探討——以8位工作人員觀點為例》。2012台灣新高齡社區健康發展學術研討會論文。

陳惠美、黃雅鈴（2005）。〈園藝治療之理論與應用〉。《中國園藝》，第51卷第2期，頁135-144。

陳惠淑主編（2014）。《為了你的幸福》。台南市：教會公報。

陳肇男、徐慧娟、葉玲玲、朱僑麗、謝嫣娉（2012）。《活躍老化》。台北市：雙葉書廊。

陳麗津、林昱宏（2011）。〈照顧服務員之工作能力初探〉。《崇仁學

報》，第5期，頁2-24。

彭駕騂、彭懷真（2012）。《老年學概論》。新北市：揚智。

曾月霞、張育萍、謝秀芳、張碧容、陳桂敏、許雅娟、王靜枝、張文芸譯（2004），M. Snyder & R. Lindquist著（2002）。《醫護之另類療法》。台北市：華騰。

渡部典子（2013）。《病由心生，醫病先醫心》。台北市：新自然主義。

游麗裡、張美淑（2010）。《老人團體活動設計》。台北市：五南。

程珮然譯（2010），J. Osteen著（2008）。《90天靈修旅程活出全新的你》。新北市：保羅文化。

黃子齡、施以諾（2007）。〈音樂治療在失智症患者之運用〉。《安泰醫護雜誌》，第13卷第3期，頁117-122。

黃玉珠（2003）。〈音樂治療對護理之家住民身心之影響〉。《輔仁醫學期刊》，第1卷第1期，頁47-57。

黃芝婷（2012）。《你可以擁有幸福，因為你值得》。台北市：啟示出版。

黃富順（2010）。《成人教育導論》。台北市：五南。

黃富順（2012）。《成人學習》。台北市：五南。

黃琢嵩、陳美蘭、洪悅琳（2013）。《長期照顧機構工作人員全人整體健康提升之探討——以多元學習方案「樂活新生活課程」為例》。2013第一屆台灣老人學學會暨國際學術研討會論文。

黃煜文譯（2011），T. C. Fishman著。《當世界又老又窮：全球人口老化大衝擊》。台北市：天下遠見。

楊定一（2015）。〈「嗡」一聲，紓解壓力找回最初的自己〉。《康健雜誌》，第194期，頁168-169。

葉玫秀（2010）。《基隆市國小教師情緒智慧、工作壓力與身心健康之研究》。經國管理暨健康學院健康產業管理研究所碩士論文。

董貞吟、宋慧娟、劉珮吟、張家儒（2007）。〈大學生校園音環境覺知、態度、需求與行為之研究〉。《學校衛生》，第50期，頁39-58。

董曉婷、陳桂敏（2007）。〈音樂療法於改善機構失智老人認知、行為問題及憂鬱成效之成效探討〉，《實證護理》，第3卷第4期，頁309-318。

廖淑純（2011）。《探究成人靈性轉化學習——以生涯轉換者為例》。暨南大學終身學習與人資專班碩士論文。

趙可式（1999）。〈精神衛生護理與靈性照護〉。《護理雜誌》，第45卷第1期，頁19。

劉振維（2012）。〈服務?學習課程理論之芻議〉。《止善》，第13期，頁121-144。

劉雅慈（2012）。〈銀髮族音樂治療淺談及運用〉。《農業世界》，第348期，頁12-15。

劉黃麗娟、錢桂玉、劉怡廷、葉國芳、余良玲（2000）。《活躍老化：懷舊與回憶活動帶領手冊》。桃園：桃園縣教育志工聯盟。

劉潔心、邱詩揚、晏涵文、潘瓊如、彭嘉玉、李恆華（2003）。〈大學校院學生環境素養及其相關因素調查研究〉。《衛生教育學報》，第19期，頁71-93。

蔡怡君（2012）。〈教師利用科學博物館之轉化學習歷程——國立自然科學博物館三位榮譽教師比較研究〉。《科學教育學刊》，第20卷第1期，頁4-25。

衛生署國民健康局（2012）。《健康老化——高齡友善城市》。http://www.bhp.doh.gov.tw/BHPnet/Portal/Them.aspx?No=201111030001

鄧伯宸譯（2010）。Andrew Newberg & Mark Robert Waldman原著。《改變大腦的靈性力量》。台北市：心靈工坊。

盧子華、許承先（2011）。〈金山地區遊客的環境素養評估〉。《旅遊健康學刊》，第10卷第1期，頁131-146。

蕭雅竹（2002）。〈靈性概念認識與應用〉。《長庚護理》，第13卷第4期，頁345-351。

蕭雅竹、簡麗瑜、李香君（2009）。〈靈性健康促進之策略觀點〉。《中華心理衛生學刊》，第22卷第4期，頁435-450。

賴蓉星、簡姿娟、洪秀吉（2013）。〈應用音樂治療於一位早發性失智

症住民之護理經驗〉。《弘光學報》，第70期，頁40-50。

駱小美、蕭淑貞（2007）。〈護理人員靈性生活培育之探討〉。《輔仁醫學期刊》，第5卷第4期，頁203-212。

謝智謀、王貞懿、莊欣瑋（2007）。《體驗教育：從150個遊戲中學習1》。桃園縣：亞洲體驗教育學會。

謝智謀、吳崇旗、謝宜蓉（2007）。〈體驗學習融入休閒教育課程之實施成效研究〉。《運動休閒餐旅研究》，第2卷第4期，頁39-50。

謝智謀、許涵菁暨體育教育團隊（2012）。《體驗教育：從150個遊戲中學習2》。新北市：亞洲體驗教育學會。

魏惠娟（2001）。《成人教育方案發展──理論與實際》。台北市：五南。

羅寶鳳、白亦方（2002）。〈經驗學習理論在九年一貫課程教學策略上的應用〉。《課程與教學季刊》，第5卷第4期，頁89-106。

證嚴法師（2006）。《與地球共生息：100個疼惜地球的思考和行動》。台北市：天下遠見。

蘇楓雅譯（2012），杉山佳奈代著。《上山種下一棵樹繪本》。台北市：小天下。

二、英文部分

Aldwin, C. M., & Gilmer, D. F. (2004). *Health, Illness, and Optimal Aging: Biological and Psychosocial Perspectives*. Thousand Oaks, California: Sage Publications.

Bandura, A. (1994). Improved quality of health and life. In V. S. Ramachaudran (Ed.), *Encyclopedia of Human Behavior, 4*, 71-81. New York: Academic Press.

Bernard, L. C., & Krupt, E. (1993). *Health Psychology: Biopsychosocial Factors in Health and Illness*. USA: Harcourt Brace College Publishers.

Bridge, T. D. (2004). *The Core Essences of Spiritual Caring for Hospice and Palliative Care*. 安寧療護靈性照顧研討會。台北馬偕紀念醫院。http://www.bhp.doh.gov.tw/BHPnet/Portal/Them_Show.aspx?Subject=2

01111030001&Class=2&No=201111030005

Burdman, G. M. (1986). *Healthful Aging*. New Jersey: Prentice-Hall.

Butler, J. T. (1997). The definition and role of health education. In J. B. Butler (Eds.), *Principles of Health Education and Health Promotion* (2nd) (pp.17-39). Englewood, Colorado: Morton.

Carson, V. B. (1989). Spirituality and nursing process. In V. B. Carson (Ed), *Spiritual Dimensions of Nursing Practice*, 151-154. Philadephia: Saunders.

Chen, M. L & Hung, Y. T. (2013). Research on the 18-week learning program of promoting holistic health for the elderly in Taiwan. The 20th IAGG World Congress Gerontology and Geriatrics Conference thesis. Korea.

Choi, S. J., Bae, J. N., Min, K. J., Roh, Y. K. & Won, Y. H. (2013). *Ageing in Korea: Today and Tomorrow* (3rd ed.). Federation of Korean Gerontological Societies. Korea.

Crowe, J. L. (2011). Eco-spirituality and religion: Catalysts for transformation in environmental education. (Doctor's dissertation). Available from ProQuest Dissertation theses database. (UMI No.3469806)

Deming, W. E. (1986). *Out of the Crisis*. MIT Center for Advanced Engineering Study.

Dewey, J. (1938). *Experience and Education*. N.Y.: Collier Books.

Eliopoulos, C. (2004). *Invitation to Holistic Health: a Guide to Living a Balanced Life*. Sudbury, Mass.: Jones and Bartlett Publishers, Inc.

Erikson, E. H. (1982). *The Life Cycle Completed: A Review*. New York: W. W. Norton & Company.

Fisher, B. J. (1995). Successful aging, life satisfaction, and generativity in later life. *International Journal of Aging and Human Development, 41*(3), 239-250.

Gabriel, R. (2010). Making environmental action cool: A case study of the impact of sustainability peer education (Master's thesis). Available from ProQuest Dissertation theses database. (ISBN 9780494763544)

Hoyman, H. S. (1962). Our modern concept of health. *Journal of School Health, 32*, 253-263.

Hung, Y. T. (2013). The characteristics of spiritual health for the elderly in Taiwan. *Journal of Sociology, 49*(1), 127-148.

Koeing, H. (1994). *Aging and God: Spiritual Pathways to Mental Health in Midlife and Later Years.* (pp. 283-295). London: Haworth Pastoral Press.

Kolb, D. A & Fly, R. (1976). Towards a applied theory of experiential learning. In C. L. Cooper (ed), *Theories of Group Processes* (p. 33). London: John Wiley& Sons. Construct theory. London: Academic Press.

Kolb, D. A. (1984). *Experiential Learning: Experience as the Source of Learning and Development.* New Jersey: Prentice-Hall, Inc.

Kuropatwa, D. (2008). The Learning Pyramid. Photo credits: The University by Maddie Digital. http://adifference.blogspot.tw/2008_01_01_archive.html.

Kuuppelomaki, M. (2001). Spiritual support for terminally ill patients: nursing staff assessments. *Journal of Clinical Nursing, 10*, 660-670.

Lauzon, A. (2001). The challenges of spirituality in the everyday practice of the adult educator. *Adult Learning, 12*(3).

Maslow, A. H. (1969). Theory Z. *Journal of Transpersonal Psychology, 1*(2), 31-47.

McCoubrie, R. C, & Davies, A. N. (2006). Is there a correlation between spirituality and anxiety and depression in patients with advanced cancer? *Support Care Cancer, 14*, 379-385.

McGee, M. A. (1998). Spiritual health and its relation to levels of perceived stress among a sample of university students. Unpublished doctoral dissertation, University of New Mexico.

Mezirow, J. (1978). Perspective transformation. *Adult Education Quarterly, 28*(2), 100-110.

Narayanasamy, A. (2004). The puzzle of spirituality for nursing: A guide to practical assessment. *British Journal of Nursing, 13*(19), 1140-1144.

老人身心靈健康體驗活動設計

Newman, B. (1995). *The Newman Systems Model* (3rd). New York: Appleton & Lange.

O'Brien, M. E. (1999). *Spirituality in Nursing: Standing on Holy Ground.* Sudbury, Massachusetts: Jones and Bartlett Publishers.

Purdy, M., & Dupey, P. (2005). Holistic flow model of spiritual wellness. *Counseling and Values, 49*(2), 95-106.

Rajabzadeh, M. M. (2011). Relationship between Religion, Spirituality, and Global Citizenship. Available from ProQuest Dissertation theses database. (UMI No. 3494470)

Robinson, S., Kendrick, K., & Brown, A. (2003). *Spirituality and the Practice of Healthcare.* Macmillan: Palgrave.

Roth, C. E. (1992). *Environmental Literacy: Its Root, Evolution, and Directions in The 1990s.* Columbus, Ohio: ERIC/CSMEE.

Sulmasy, D. P. (2002). A biopsychosocial-spiritual model for the care of patients at the end of life. *Gerontologist, 4*, 24-33.

Swinton, J. (2001). *Spirituality and Mental Health Care: Rediscovering a 'Forgotten' Dimension.* London and Philadelphia: Jessica Kingsley Publishers.

UNESCO (1972). Declaration on the Human Environment. Adopted at Stockholm by the United Nations Conference on the Human Environment Stockholm, Sweden: Author.

UNESCO (1978). The World's First Intergovernmental Conference on Environmental Education In Tbilisi. (Columbus, OH, ERIC/SMEAC Information Reference Center, ED 197 408.)

World Health Organization (1983). *The Principles of Quality Assurance.* Copenhagen: WHO. (Report on a WHO meeting)

老人身心靈健康體驗活動設計

作　　者／陳美蘭、洪悅琳
出 版 者／揚智文化事業股份有限公司
發 行 人／葉忠賢
總 編 輯／閻富萍
特約執編／鄭美珠
地　　址／新北市深坑區北深路三段 260 號 8 樓
電　　話／(02)8662-6826
傳　　真／(02)2664-7633
網　　址／http://www.ycrc.com.tw
　E-mail ／service@ycrc.com.tw
印　　刷／鼎易印刷事業股份有限公司
　ISBN ／978-986-298-179-5
初版一刷／2015 年 4 月
初版三刷／2021 年 2 月
定　　價／新台幣 350 元

國家圖書館出版品預行編目資料

老人身心靈健康體驗活動設計 / 陳美蘭, 洪
　悅琳著. -- 初版. -- 新北市：揚智文化,
　2015.04
　　面；　公分

　　ISBN　978-986-298-179-5（平裝）

　1.老人養護　2.健康照護　3.方案設計

544.85　　　　　　　　　　　　　　104004772

Notes

Notes

Notes

Notes